Mémoires inachevés

Alice Sapritch

Mémoires inachevés

(Entretien Raoul Mille)

suivi de

Abécédaire

Éditions Ramsay/Jean-Jacques Pauvert
9, rue du Cherche-Midi
75006 Paris

Raoul Mille est l'auteur des *Chiens ivres* (Albin Michel 1973), son premier roman, qui reçut un accueil enthousiaste tant de la critique que du public.

En 1984, il obtenait le prix des Quatre-jurys pour *Léa, ou l'Opéra sauvage* (Albin Michel). Enfin, en 1987, avec *Les Amants du Paradis* (Grasset), le prix Interrallié venait consacrer un écrivain authentique, amoureux de la musique des mots et de leurs couleurs.

ISBN : 2-85956-827-1

HOMMAGE

Alice est morte; elle aura bien vécu. Un jour qu'elle était invitée à l'Élysée pour fêter l'investiture de notre président, un jeune prince de la culture pose sa tête sur son épaule, et, les yeux embués, lui dit : « C'est merveilleux, Alice, quel grand jour! Je suis bouleversé d'être là! Pas toi? » « Oh moi, tu sais, chéri chéri, répond Alice de sa voix inimitable, ils m'ont tous invitée, alors! » Et elle tire de son sac en croco trois cartons d'invitation. « Regarde, chéri chéri, de Gaulle, Pompidou, Giscard... Ils ne pouvaient pas se passer de moi... Quand ils avaient une soirée emmerdante, ils m'invitaient à leur table pour que je les fasse rire. Il paraît que je fais rire les gens... »

Les gens riaient d'Alice, c'était devenu une tradition. Ça n'était pas toujours d'un grand raffinement. Ils se permettaient avec elle ce qu'ils n'auraient osé avec personne d'autre. Elle n'en avait cure, ou plutôt, parce que c'était une grande dame, elle faisait semblant. Elle connaissait trop la race humaine pour s'émouvoir de ses vulgarités. Elle se contentait de rester impassible derrière son sourire de princesse égyptienne et d'observer de ses grands yeux profonds l'agitation des hommes.

Alice était une grande actrice et une grande professionnelle. Elle aimait sincèrement les artistes et était capable de tous les combats pour les défendre, qu'ils soient célèbres ou inconnus. Elle était fidèle en amitié et redoutable en raillerie quand elle avait affaire à des imbéciles.

Alice était une grande amoureuse et une grande gourmande. Il fallait la voir manger à pleines mains les « petits rougets au basilic » qu'elle affectionnait tout particulièrement, puis rire à gorge déployée quand on lui racontait une de ces histoires « de cul » qu'elle aimait tant parce que, disait-elle, « ça nous rappelle la relativité de toute gesticulation ».

On ne rira plus de toi, Alice. C'est à ton tour, maintenant, de rire des hommes.

JÉRÔME SAVARY

PRÉFACE

Je n'étais pas un intime d'Alice Sapritch, mais chacune de nos rencontres se plaçait sous le signe de la force et de la communion. A chaque fois que nous nous retrouvions, dès les premiers mots, nous faisions mieux que nous apprécier, nous nous comprenions. Indubitablement, nous étions sur la même longueur d'onde. Le reste allait de soi. Je me souviens de nos rendez-vous, dans les studios de Radio France, place Grimaldi, à Nice. Elle arrivait et, immédiatement, elle seule existait. Derrière la vitre du studio, les visages des techniciens et des standardistes se pressaient, eux généralement si indifférents. Oui, mais Alice c'était autre chose. Oui, autre chose ; il y avait le fume-cigarette, le turban dans les cheveux, la démarche altière, ce sourire d'impératrice triste, et puis la voix comme une musique profonde, souterraine, belle et chaleureuse avec parfois des ruptures par où sourdait une gouaille dérisoire remettant tout en question et d'abord elle-même.

Alice n'était dupe de rien, et certainement pas de sa légende qu'elle avait pris tant de soin, au fil des ans, à forger. Légende parfaite dont, bien sûr, elle souffrait, le masque à force ayant effacé le visage.

Légende née d'une blessure, cette déchirure glanée au plus profond d'une enfance solitaire, légende construite pour se protéger et gommer les aspérités d'une réalité insoutenable. Alice appartenait à cette catégorie d'individus que la conscience ne laisse jamais en repos : de doutes en questions, d'illusions perdues en espoirs déçus, analyse, scepticisme et lucidité creusaient en elle leurs sillons terribles, sans relâche, comme s'il fallait que forte, elle emmagasinât la douleur, intelligente elle en fût punie. Les carapaces se succédaient, aussitôt revêtues, aussitôt fendues par l'intransigeance des faits. Malheureuse en amour, incomprise en amitié, Alice se durcissait jusqu'à ce point de rupture où les failles supplantent toutes les protections, emportent toutes les amarres, laissant l'être nu avec comme seul recours la volonté et son supplément d'âme : le rêve.

« Tu seras la meilleure » lui disait son père ; « toi tu es différente » ajoutait-il. Différence, voilà bien l'extrême blessure qu'Alice porta sur son front en filigrane dès l'enfance. Différente physiquement, différente par la nature du caractère, différente par le comportement, différente enfin par l'absolu qui l'habitait. Alice vécut plusieurs existences, une foultitude de malentendus, un cortège de songes avortés pour assumer au mieux cette différence, transcender le handicap en fondement de soi, mieux encore en tisser son blason et le brandir aux yeux de ces imbéciles pour qui ne pas se fondre dans la norme constitue la faute sans pardon, puisque sa teneur même leur en est incompréhensible.

Alice caricaturée, Alice dépouillée, Alice rabaissée, Alice jetée aux quatre coins de la rage médiatique, Alice faisant front, poussant, forçant là où la cruauté des autres voulait l'acculer, Alice en remettant, en rajoutant, faisant d'elle, ou du moins de son apparence, le réceptacle de toutes les bassesses, de toutes les injures, des plus grossiers malentendus, Alice jouant Alice jusqu'au bout de ses forces, jusqu'aux portes de la mort. Actrice absolue de son propre personnage.

L'Alice que j'ai rencontrée quinze jours avant sa mort avait pris une décision, celle de jeter les masques, tous les masques, même ceux qui l'arrangeaient, une Alice fourbue, désespérée, percluse de solitude et d'amertume, arrivée au bout du voyage et consciente jusqu'à l'extrême douleur qu'il ne lui restait plus de temps, plus de jeux à jouer, plus de poudre à jeter, plus rien sinon la confession de la vérité, sa vérité, l'ultime.

Atteinte du haut mal, elle n'en avait parlé à personne, à moi moins que quiconque. Elle savait, et cela devait suffire. Elle avouait un zona pernicieux, elle murmurait le soulagement qu'apportait la morphine à ses souffrances horribles, elle luttait et elle seule connaissait l'issue fatale du combat.

Dès les premiers instants de nos entretiens, je fus

sidéré par leur tonalité tragique, leur dureté sans concessions, leur franchise iconoclaste. L'Alice qui me parlait voix brisée, yeux perdus dans le vide, ne s'accordait plus aucune légèreté, aucune digression salvatrice. Elle était bloc, bloc pathétique d'une authenticité effrayante. Inquiète aussi. Terriblement. Allait-on comprendre ? Allait-on saisir enfin le véritable credo de son âme ? Cette fois était la dernière et la Sapritch abattait les cartes, toutes les cartes sans l'ombre d'une tricherie. Me frappait alors la dureté avec laquelle elle parlait d'elle-même, cette façon brutale, presque haineuse, de ne rien se pardonner, de s'accabler définitivement afin que les rats et les charognards qui viendraient dépouiller sa postérité se trouvent face à un désert ravagé par le feu et la tempête. Alice avait entrepris d'être son propre bourreau.

Au cours de nos rencontres, un cérémonial s'était établi, chaque après-midi, je la retrouvais enfoncée dans son fauteuil, les pieds allongés devant elle, sur un pouf. Je m'avançais et, pour ne pas l'obliger à se soulever, je me contentais de lui baiser la main. Je lui demandais de ses nouvelles, elle me répondait par un rapide « ça va, ça va... », comme pour évacuer le plus vite possible cette formalité qui, croyais-je, l'encombrait et, en fait, la gênait. Il y avait toujours de la musique classique : Mozart essentiellement. La musique la soulageait, l'emportait loin de sa souffrance, loin de son chagrin. Elle m'avoua que lire la fatiguait, mais que la musique, au contraire, elle pouvait l'écouter des heures.

Ces instants, ces derniers instants avec Alice, je suis obligé de les reconsidérer maintenant sous la lumière noire de la mort. Ce que je prenais pour fatigue et lassitude, nostalgie d'une comédienne voyant s'approcher l'âge irrémédiable, constituait en vérité la réflexion crépusculaire d'une grande dame hantée par la peur de la mort et la valse sinistre des regrets sans rémission possible. La musique submergeait les vagues incessantes de la mémoire mauvaise.

Et moi qui, inconscient, la poussais dans ses retranchements, la harcelais lui répétant : « Alice, il faut tout dire même ce qui te fait mal, surtout ce qui te fait mal ! » Et elle de me répondre sous forme d'antienne suppliante : « Non je ne veux pas me souvenir... Je hais la mémoire... Rien, plus rien. Plus de souvenirs... » Alors je laissais passer quelques instants, puis brusquement il y avait un sursaut, Alice me jetait en pâture son mal, son mal de femme et de comédienne. Oui, elle jetait – c'est le mot – comme par la vitre d'un train, des bouts de phrases où s'accumulaient les fragments d'une vie. Tantôt la voix tombait mourante, à bout de souffle, à la limite du gémissement, tantôt sous l'effet de l'indignation et de la révolte, elle resurgissait claire et nette, définitive à l'image des mots prononcés.

Aujourd'hui, je suis honteux de n'avoir pas su m'arrêter à temps, d'avoir attendu qu'Alice, crispée, de la sueur perlant sur son front, me demande : « On fait un break, Raoul ? » Nous restions un moment en silence. Alice regardait par la fenêtre, en face d'elle, les arbres qui fleurissaient dans la cour intérieure : « Tu entends les oiseaux? », me dit-elle un après-midi où la tempête, qui avait soufflé en rafales, soudain, vers cinq heures, se calma. Le soleil apparut, un soleil joyeux, intense, un soleil d'escapade, le salon en fut inondé. A cet instant, il règnait une paix sereine, la sérénité d'un jardin campagnard perdu au cœur de la grande ville. Alice tourna la tête dans ma direction et murmura : « Ce que c'est beau! Tu vois, la tempête est finie, tu pourras reprendre ton avion sans problèmes. » Quelques heures auparavant, je lui avais confié les turbulences que j'avais subies le matin même. Nous étions tranquilles, Alice se leva et plaça un disque sur la platine; elle que j'avais si rarement vue bouger, m'apparut soudain légère, pleine d'entrain. Je la quittai en l'embrassant sur les joues cette unique fois. Dans la rue Jean-Ferrandi, qui semble sortie de « Cousine Bette » avec ses murailles derrière lesquelles se cachent des jardins de notaires, régnait la saveur intemporelle du printemps.

Dans les entretiens qui suivent, vous allez retrouver la voix d'Alice Sapritch. J'ai respecté au mieux la modulation de son phrasé, j'ai essayé de déformer le moins possible ses propos, les respectant aux hésitations près. Ce qui devait être la matière d'un livre de réflexions, par la force du destin, s'est transformé en testament. Les jugements, les boutades, les injustices d'Alice, mais aussi sa suprême authenticité, par sa mort, prennent un tout autre ton. Ce qui aurait pu apparaître comme agaçant, devient bouleversant.

Alice, dans ses confessions, ne parlait plus pour elle. Elle ne tentait plus une ultime pirouette. Elle savait que ses confidences lui survivraient et c'étaient celles-là, et aucune autre, qu'elle voulait qu'on entende. Chaque jour, à chaque fin de nos entretiens, elle n'a jamais manqué de me demander : « Crois-tu que c'est bien? Je ne veux tromper personne, tu comprends. Ce qu'il faut mettre en évidence, c'est la dérision. Crois-tu qu'on y arrivera? »

Je la rassurais. Mais, une fois dehors, je me disais parfois : c'est trop dur, c'est trop triste. J'étais inquiet, je craignais les réactions envers le livre futur. Ce qui était enregistré sur mes cassettes avait la valeur et le poids du destin. Mais je l'ignorais en deçà de la déchirante confession qu'Alice Sapritch m'accordait.

Qu'en serait-il advenu si Alice était encore avec nous? Je ne sais. Mais en vérité c'est une question qui ne se pose pas car, dans un mois, dans un an, quels que soient la durée et le temps, Alice savait qu'elle nous parlait pour l'éternité.

RAOUL MILLE

PLUS JAMAIS QUELQU'UN ME DIRA JE T'AIME

Brusquement je me suis rendu compte de ce qu'était la vieillesse. Il y a eu un déclic dans ma tête, une petite phrase qui me revient sans cesse : « Plus jamais quelqu'un ne me dira je t'aime ». Je suis consciente du côté irréversible du temps depuis peu, et c'est quelque chose que j'accepte difficilement. Avant je n'y pensais pas, puis soudainement le couperet est tombé. Il y a deux âges : l'âge de la vie et l'âge de l'attente de la mort. Je suis entrée dans le second.

Évidemment, il y aura toujours des petits gars, des petites gamines qui me diront : « Je vous admire », mais il ne faut pas mélanger les sentiments. Les choses basculent, on doit se rendre à l'évidence. J'ai la sensation d'avoir lâché les amarres. Je me dis à quoi bon tout ça, pour arriver à quoi ?

C'est très, très dur d'accepter certaines choses. Il y a huit mois que je suis immobilisée par la faute d'un zona... Tu te rends compte, huit mois, sur le peu de temps qui me reste à vivre!

QUESTION : Pour en revenir à cette petite phrase « Plus jamais personne ne me dira je t'aime », est-ce qu'auparavant c'était une phrase clé de ta vie?

RÉPONSE : Oui. Assez, oui. Du moins je l'avais en réserve. Je savais qu'on pouvait me la dire, même si je n'en avais pas besoin. Je ne voudrais pas revenir sur le passé, car s'il y a une chose que je déteste, c'est le passé, surtout le mien. Mais enfin je regrette d'avoir perdu trop d'années. Les plus belles, je les ai gaspillées.

QUESTION : Les créateurs, les artistes savent combattre la vieillesse dans la mesure où le vieillissement c'est ne plus avoir l'énergie du combat, abdiquer. Est-ce que la vieillesse peut l'emporter tant que l'on possède l'envie de faire des choses?

RÉPONSE : Peut-être pas, mais dans ma déprime (je n'aime pas ce mot), il y a aussi des raisons pragmatiques. Après *Catherine de Médicis* tout devait aller de soi. Je devais enchaîner avec une série de six épisodes pour la télévision intitulée *La Patronne*. C'était très bien payé. Malheureusement, clac... Ma mauvaise santé m'a obligée à céder mon rôle. Et non seulement je l'ai cédé, mais c'est une copine que je n'aime pas du tout et qui ne m'aime pas du tout qui me succède. Alors, évidemment, ça accentue encore plus mon amertume. Tout était réglé. Le personnage spécialement écrit pour moi. Et je passe à côté. Le fatum...

L'AUTRE

On dit qu'on aime la solitude, mais c'est faux. On aime la solitude à partir du moment où l'on préfère être seule qu'en la compagnie d'un con. Mais la question, l'unique, c'est de se demander pourquoi, pourquoi parmi des millions d'individus, on ne trouve pas une personne qui soit votre complément. Je suis très lucide, on vous acclame, on vous aime... C'est du blabla pour moi.

QUESTION : Mais est-ce que tu as cherché à trouver cette âme complémentaire?

RÉPONSE : Oui. Assez oui.

QUESTION : Et on ne t'a pas comprise?

RÉPONSE : Non, non, c'est toujours une glace biseautée, toujours on m'aime pour ce que je ne suis pas. Le bilan de ma vie n'est pas réjouissant.

QUESTION : Mais est-ce que tu ne penses pas que les autres, disons un couple qui arrive à un certain âge, ne se cachent pas derrière les apparences du bonheur?

RÉPONSE : Je vais te raconter une anecdote. Je me trouvais à Madrid. J'étais à la terrasse d'un bistrot, sur une des grandes places de la ville, et de dos je voyais un couple de vieux qui se tenaient main dans la main. J'étais fascinée par cette main qui en enserrait une autre. Le couple s'est levé, l'homme était bossu. Ils sont partis, heureux. Je les ai enviés. Oui, je les ai enviés. Je vais te raconter une autre histoire, tu sais je suis orientale, j'aime bien les histoires. Il s'agit également d'un bossu qui vivait dans un petit village, quelque part en Asie. Le bossu était follement amoureux d'Isabelle, la plus jeune et la plus jolie des villageoises. Isabelle riait de l'amour du bossu. Cela ne l'empêchait pas d'avoir de la compassion pour lui. Un jour, le bossu reçoit une lettre du Pakistan. Un vieil oncle vient de mourir et lui laisse une fortune colossale. Le bossu s'en va au Pakistan chercher cette fortune et il revient dans son village avec un coffre de bijoux sublimes. Durant le voyage, il se dit : « Avant j'étais pauvre, c'était normal qu'Isabelle ne me regarde pas, mais maintenant que je suis riche, elle se jettera dans mes bras. » Pour fêter le retour de l'enfant prodigue, les hommes du village ont organisé une grande fête.

Isabelle est là, rayonnante. Un grand rire s'élève de l'assistance quand le petit bossu fait sa déclaration à Isabelle. Il lui clame qu'il l'aime et veut l'épouser. Isabelle lui répond : « Mon pauvre bossu, puisque maintenant tu es riche, tu pourrais peut-être t'acheter un miroir? » Le bossu rentre chez lui, se regarde dans une glace et il s'aperçoit que rien, aucune fortune, ne pourra effacer sa bosse. C'est cette bosse-là qu'il ne voyait pas. Le bossu évidemment se pend. C'est une parabole, on croit que c'est parce qu'on est pauvre qu'on n'est pas aimé; en réalité c'est parce qu'on est bossu qu'on n'est pas aimé.

QUESTION : Tu penses que le physique prime tout?

RÉPONSE : Non, absolument pas. Dieu merci. Mais dans ce cas, il y a incompatibilité entre Isabelle et le bossu. La jeune fille n'était pas faite pour le comprendre. Ni l'argent, ni le pouvoir ne vous donnent l'amour. En revanche, bossu ou pas bossu, si on doit trouver l'amour, on le trouve. En réalité, ni l'argent, ni le pouvoir, ni la bosse d'ailleurs ont de l'importance. J'ai eu une bonne espagnole à mon service. Elle couchait dans une minuscule chambre, juste la place pour mettre un petit lit. Eh bien, elle ne m'a dit que très tard que, durant des années, elle avait abrité son mari dans ce réduit. Ils ne voulaient pas se quitter.

QUESTION : Qu'est-ce qui fait que certains êtres rencontrent leur complément et d'autres pas?

RÉPONSE : C'est une question que je me pose. Pour moi le bonheur c'est de vivre avec quelqu'un qui est à sa taille. Quelqu'un qui comprend sans qu'on lui explique. C'est extrêmement rare. Au fond, c'est la difficulté d'être qui est terrible à supporter. Tu ne trouves pas?

QUESTION : Mais n'est-ce pas ton métier, celui de comédienne, qui t'éloigne des vrais rapports?

RÉPONSE : Bien sûr, essentiellement, c'est un tel miroir aux alouettes ce métier! Du toc! Il éloigne les gens au lieu de les rapprocher. C'est à cause de cela que l'on est obligé de s'embrasser quatorze fois pour bien montrer qu'on ne s'aime pas du tout. Oui bien sûr...

QUESTION : Mais est-ce que parfois tu ne te dis pas : « Si c'était à refaire je ferais autre chose. Je serais une femme normale, je me marierais, j'aurais des enfants »?

RÉPONSE : J'ai souvent parlé de cela à mon ami Jean-Louis Bory, jusqu'à lui confier que j'aurais aimé être postière dans un petit village. Il me regardait avec son charmant sourire et il me répondait : « Oui, oui bien sûr, c'est un rôle que tu aimerais jouer. » Oui, il y a un peu de cela peut-être. Mais quand je traverse des villages en voiture, ces villages calmes où l'on ne s'imagine pas qu'il puisse arriver quelque chose, je me dis :

« Que se passe-t-il derrière ces volets, les gens y sont-ils heureux? »

QUESTION : Mais est-ce que le bonheur est concevable avec l'extrême lucidité?

RÉPONSE : Non, non, non. On ne peut pas. Le maçon qui construit son mur est heureux. Il ne se pose pas de problème, encore que... Mais quelqu'un qui s'interroge est fatalement mutilé.

QUESTION : Par conséquent, toute une catégorie d'individus ne pourra jamais accéder au bonheur.

RÉPONSE : Dès que vous avez la dérision en vous, ou l'humour, c'est pour vous cacher. On aimerait parfois s'oublier, n'être rien.

QUESTION : Est-ce que tu aimerais te réfugier dans un bistrot incognito et ressembler à ces gens qui jouent au 421?

RÉPONSE : Non, je n'aimerais pas être comme eux. Cela ne m'empêche pas de me dire que, peut-être, pour ces gens-là il existe une possibilité de bonheur.

QUESTION : Est-ce que chez toi, le cœur et l'esprit ont toujours été en lutte?

RÉPONSE : Toujours. Toujours oui.

COUPLE : LA POMME PLUS LA POIRE

Le couple ! On parle tellement du couple... On veut additionner ce qui est impossible, une pomme plus une poire. Or, si on additionne une pomme et une poire, le résultat ne sera jamais ni deux pommes, ni deux poires. L'homme comme la femme sont en porte-à-faux. Il existe chez l'homme une crainte, celle de perdre son pouvoir. Ce pouvoir qu'il considère légitime depuis des siècles. Or, l'homme est un être fragile. On peut lui en faire croire du matin jusqu'au soir. Et en général, la femme ne s'en prive pas. L'homme a une vie difficile ; une fois qu'il rentre chez lui, il est normal qu'il cherche un asile, le calme, le confort. Il faut donc à l'homme une femme qui ne lui soit pas forcément inférieure, mais disons qui lui foute la paix. Or, cette paix, il ne peut l'obtenir que s'il a en face de lui quelqu'un de soumis ; la femme mythique, la mère des enfants, un point c'est tout. Cette femme qui élève ses enfants, va se sentir de plus en plus isolée lorsque ces enfants seront devenus grands, isolée du monde. Pendant ce temps, l'homme conserve son activité dans la société, voilà le problème numéro un qui se pose pour le couple et ce n'est pas en brandissant le poing du M.L.F. qu'on trouvera des solutions. Il faudrait que chacun y mette du sien et que du côté de l'homme, comme du côté de la femme, il y ait une analyse et que l'on mette les choses à plat. Mais je ne pense pas que l'on soit prêt à faire cet effort.

QUESTION : Est-ce que tu crois possible la fidélité?

RÉPONSE : La fidélité sexuelle est accessoire. Il y a des moments où le corps humain ne ressent aucun désir, n'a plus d'exigences et à d'autres moments c'est le contraire, biologiquement on a besoin de se renouveler. Forcément il y a infidélité. Mais là aussi cela dépend encore comment c'est fait, de manière goujate ou subtile. Dans le fond, pourquoi trompe-t-on? La plupart du temps, c'est pour montrer que l'on plaît encore, que l'on a du succès. Prenons l'exemple d'une femme. Il y a si peu d'occasions où elle a la possibilité et l'envie de s'habiller, de se pomponner, de se chouchouter devant la glace. Si on met toutes ses parures, c'est pour sortir, se montrer. Dans la tromperie, il y a toujours de l'exhibition. Le jeu de la séduction peut aller jusqu'à l'infidélité. Malheureusement, c'est assez rare que l'on trompe avec quelqu'un de supérieur à son mari ou à sa femme. On trompe toujours plus bas.

On a trop le nez sur la vitrine pour voir la personne. C'est dommage.

QUESTION : Dans *Crimes et délits*, Woody Allen démontre que le pouvoir ou la superficialité gagne toujours sur l'honnêteté et la profondeur.

RÉPONSE : Oui, je suis d'accord et en plus comme Woody Allen est un misogyne, cela va de soi.

QUESTION : Est-ce que tu es misogyne?

RÉPONSE : Non, je suis plutôt pour la femme intelligente et l'homme intelligent. Je ne fais pas de sexisme. Des deux côtés, il y a des idiots. Un homme idiot, c'est terrible; une femme idiote c'est une calamité. Le pourcentage est malheureusement plus important du côté des femmes du fait de leur éducation et des années de retard qu'elles ont accumulées. Hanoteau, mon mari, me disait toujours quand je lui parlais d'un roman écrit par une femme : « Oh, pour une femme, elle n'écrit pas trop mal... »

QUESTION : Puisque tu as évoqué Guillaume Hanoteau, parlons-en. Avant lui, il n'y a eu personne?

RÉPONSE : Non, des trucs sans intérêt.

QUESTION : Tu ne tombais pas souvent amoureuse.

RÉPONSE : Si, mais enfin... Je ne dis pas ça par prétention, mais j'ai la sensation que jamais on ne m'a méritée. C'est un constat que j'ai fait depuis longtemps.

QUESTION : Revenons-en à Hanoteau.

RÉPONSE : Ce que je demandais à un homme c'est qu'il contribue à l'épanouissement de tout ce qu'il y avait en moi, qu'il m'aide à me dégager du fardeau de mon enfance. Cet homme-là, je ne l'ai pas trouvé. Au contraire. Hanoteau, il a tout abandonné pour venir dans ma roulotte, alors que moi je voulais quitter ma roulotte pour aller dans son appart. Je désirais quelqu'un qui ait le sens des responsabilités, de la dignité, un homme enfin, tandis que moi j'aurais été actrice, mais à côté.

QUESTION : Mais est-ce possible?

RÉPONSE : Certainement pas puisque cela ne s'est pas fait. Au début Hanoteau me laissa croire qu'à nous deux nous allions faire de grandes choses. Or qu'est-ce qui s'est passé? Sitôt installé avec moi, il a cessé de travailler. C'est moi qui l'avais à charge, jusqu'au moment où il est rentré à *Match*.

Un couple pour moi c'est complémentaire, ça devrait être une dissolution de deux couleurs qui en donnent une autre, des différences qui se rencontrent. Mais quand j'approfondis les choses, je m'aperçois qu'il y a très peu de possibilités de couples heureux sur la durée. Je crois que pour le bonheur, il faut être amnésique, pas trop intelligent et sans mémoire. Je me rappelle par exemple que mes plus grands succès à la télévision se sont transformés en échecs dans ma vie privée. Les soirées qui suivaient *La Cousine Bette*, *Vipère au poing*, enfin tous mes plus grands rôles, jusqu'à deux heures du matin, le téléphone sonnait pour me féliciter et pendant ce temps-là, j'étais en larmes. Pour la bonne raison qu'Hanoteau, furibard, s'enfermait dans la chambre et qu'il m'insultait.

QUESTION : Mais pourquoi?

RÉPONSE : Il était jaloux. Tout simplement jaloux. Un jour, j'étais chez Lipp, en compagnie d'Hanoteau et de l'écrivain Jean-Louis Curtis. Passe devant nous le directeur de l'O.R.T.F. d'alors, Robert Bordas. Nous étions au lendemain de ma prestation dans *Tous ceux qui tombent* de Beckett. Bordas se jette sur moi. Il me complimente, me dit que j'étais admirable. T'aurais vu la tête d'Hanoteau... Sitôt que Bordas s'est éloigné, Hanoteau l'a traité de tous les noms; il ne supportait pas mon succès.

A l'époque, il était critique à *Télé 7 jours*, eh bien il s'est débrouillé pour ne jamais dire un mot sur moi. Il avait trouvé le truc, il disait : « Je suis l'époux d'Alice Sapritch, par conséquent je ne vous en dirai rien. » Il se contentait de citer des extraits de ce que les autres avaient écrit. Lui ne s'engageait jamais. Il était jaloux parce qu'il n'était pas devenu l'auteur dramatique célèbre qu'il aurait voulu être. Enfin c'est si loin tout ça.

J'en reviens au couple. Je pense qu'à un moment donné, il faut accepter les compromis. On peut avoir une fin de vie basée sur la complicité, pourquoi pas. Mais je suis sceptique, le cynisme d'Hanoteau m'a ouvert les yeux à ce sujet. À chaque fois que je lui disais : « Ce couple est formidable, j'envie un tel ou une telle », il ricanait. Et quelques jours plus tard, il arrivait en gambadant, se jetait sur moi et me disait : « Dis donc, un tel que tu trouvais si formidable, eh bien il se tape sa secrétaire, et une telle le meilleur ami de son mari... » Je faisais mes investigations. Eh bien il avait raison. Voilà, à chaque fois il me matait avec ce genre d'arguments. Les sceptiques ont toujours eu raison contre moi. Alors...

LA PASSION : UNE MORIBONDE A QUI IL FAUT FAIRE DU GOUTTE-A-GOUTTE

La passion, j'en pense le plus grand bien et le plus grand mal à la fois. En vérité, elle ne peut aboutir qu'à une catastrophe. Mais c'est quand même formidable. Mais je me demande si, dans la vie, la passion est si courante, tous les livres en parlent, mais je vois très rarement autour de moi des êtres qui s'aiment passionnément. Très peu et même pas du tout. Je me dis, la passion est une moribonde à qui il faut faire, chaque jour, du goutte-à-goutte pour la ranimer. En ce qui me concerne, j'ai toujours voulu la passion, c'est certain. Je l'ai cherchée. C'était mon objectif. Plus maintenant, c'est trop tard... L'amour-passion, je ne concevais l'amour que comme ça.

QUESTION : Tu crois que la passion peut coïncider avec le monde actuel, ou est-ce un sentiment qui appartient au passé?

RÉPONSE : C'est parce qu'il n'y a pas assez d'amour-passion dans le monde qu'il existe des possibilités de goulag. Il n'y aurait pas acceptation de ce genre d'horreur si les êtres pouvaient s'exprimer autrement que politiquement. S'il y avait plus de passion, il y aurait moins de dégâts dans le monde. Si Staline ou Hitler avaient été capables d'un grand amour, il n'y aurait eu ni stalinisme, ni hitlérisme.

QUESTION : Henry Miller disait que s'il y avait plus de mysticisme dans le monde, le monde changerait. Tu dis la même chose pour la passion?

RÉPONSE : Absolument, c'est ce que je dis. A notre époque, on ne favorise plus les sentiments forts; résultat : il y a une espèce d'étalement de sentiments médiocres. S'il y avait plus d'élans psychiques et spirituels, il n'y aurait plus de place pour la banalisation de l'horreur.

LE COCU NE ME FAIT PAS RIRE

La France est l'un des rares pays où le cocu fasse rire. C'est une erreur. Pour moi, le cocu devrait plutôt faire pleurer. Chez celui qui trompe, que ce soit un homme ou une femme, il y a une chose inadmissible : c'est la trahison. Il y a trahison, lorsqu'il y a eu serment et il y a serment quand il y a eu amour. Il ne faut pas confondre, ce n'est pas parce qu'on a couchaillé une ou deux fois qu'on est lié pour la vie. Mais lorsqu'il y a amour, c'est autre chose. Je trouve le cocu pathétique. Il ne me fait pas du tout rire, ni dans la vie, ni au théâtre. Le cocu se confond avec l'opérette, c'est pourquoi il fait rire. Or, le cocu est un être bafoué, trahi. Dans la trahison, il existe pour moi quelque chose de très grave : on arrache à un être humain ses médailles de dignité. Je m'explique : un homme, une femme, est étayé par des lois, des principes. Les principes sont les ferments de la nature humaine. Si ces principes sont bafoués, l'être humain s'effondre. Quand on a arraché sa dignité à un individu, on voit à nu son torse, et c'est horrible. Pour moi, la trahison mérite toujours la cour martiale. Je vais jusque-là, je ne suis pas loin ainsi de rejoindre les grands thèmes de l'Antiquité. Il faut à l'être humain des principes, comme il faut des religions. C'est une opinion, on peut ne pas la partager, mais pour moi il y a certains sentiments qui sont graves. Voler une orange à une devanture, c'est rien. Mais trahir la parole donnée, c'est grave. Tout ce qui fait dérailler l'être humain, qui nie sa justification d'être sur deux pattes, me paraît abject. Bien sûr, il peut y avoir des circonstances atténuantes. Des passions paroxystiques, comme dans Carmen; alors là, on ne se trouve plus sur le plan de l'infidélité, c'est une autre dimension.

QUESTION : Mais on peut imaginer un individu tombant éperdument amoureux, même si auparavant il a fait serment de fidélité, penses-tu que, là aussi, il y ait trahison?

RÉPONSE : A ce moment-là, il faut mettre les cartes sur la table. Le résultat est le même, mais il faut des nuances. Forcément. Parfois on est coincé, déchiré entre deux êtres. A ce moment-là, il faut faire la part du feu. L'important, c'est d'essayer de faire le moins de dégâts possibles. Mais quoi qu'il en soit, celui qui trompe est malgré tout, très, très, très coupable.

POUR MOI LA SEXUALITÉ EST UN MYSTÈRE

Il existe plusieurs sexualités selon l'âge des couples. Il est évident qu'on n'a pas la même sexualité à vingt ans qu'à cinquante. Je trouve ridicule les gens qui banalisent les rapports physiques : tel gabarit, etc... J'ai un ami qui m'a dit un jour qu'il n'y avait personne au monde qui ne puisse trouver son compagnon. Pour moi, la sexualité est très mystérieuse. On ne peut pas établir de règles. L'essentiel, c'est le fluide, le charisme, beaucoup plus que la beauté. Ce qui importe c'est ce que l'être dégage. Je crois énormément au charisme. Il y a des individus desquels il émane quelque chose et d'autres absolument rien. C'est un don. Encore une fois la différence, encore une fois l'injustice.

QUESTION : Est-ce que tu sépares la sexualité de l'amour?

RÉPONSE : Je ne conçois pas l'amour sans sexualité. Mais je peux comprendre une sexualité sans amour. Il est possible qu'une femme – je dis une femme parce qu'on sait très bien que pour l'homme ce n'est pas un problème – soit séduite pour un soir et décide de passer la nuit avec un inconnu. Mais en ce qui me concerne, comme je suis quelqu'un de mégalomaniaque, je n'aime que l'amour-passion, les grandes envolées lyriques, alors évidemment je peux difficilement concevoir qu'on pousse une porte, entre dans une chambre, pose son sac sur la table de nuit, qu'on enlève ses chaussures, sa jupe et sa petite culotte, avant de se faire étendre sur le plumard. Non, vraiment, je ne vois rien d'exaltant là-dedans. Mais enfin, je crois que de plus en plus, ça se fait comme ça. Je ne sais pas si cela peut être intéressant. Peut-être.

QUESTION : Tu dis peut-être, mais tu n'y crois pas.

RÉPONSE : Non, certainement pas.

QUESTION : Est-ce que tu trouves qu'on accorde trop d'importance à la sexualité ?

RÉPONSE : On l'apprend même aux enfants ! Je me demande comment, dans le temps, les gens arrivaient à baiser et à jouir. Actuellement, il existe tout un faisceau lumineux axé sur la queue de l'homme et la chatte de la femme. Je ne vois pas tellement le résultat de tout cela, on fait des tas d'émissions sur ce sujet. On apprend aux enfants la quéquette, toutes ces choses. Moi, je préfère le secret, la découverte par soi-même. Ah, si je n'étais pas tolérante, je trouverais cela exaspérant... Il me semble qu'on devient très bête sur toutes ces questions.

P.-D.G. ET PUTE A LA FOIS

Le déséquilibre entre l'homme et la femme vient de leur nature différente et de leur éducation qui n'est pas la même. La femme a été formée durant des siècles pour plaire à l'homme. L'homme, lui, c'est le chasseur avec son fusil ou son arc ; c'est le tueur de bêtes sauvages ; celui qui nourrit et protège la famille. Mais aujourd'hui, ces deux schémas sont ébranlés de toutes parts. La femme a conquis l'égalité sociale, seulement voilà, elle veut toujours plaire. Elle couche avec le patron, mais veut avoir les avantages du patron. Autrement dit, ne rien céder de sa féminité et simultanément se conduire en mec. Quant à l'homme, il n'est plus sûr, quand il rentre chez lui, de trouver sa bonne femme prête à le recevoir. Il est inquiet l'homme, pour toutes sortes de raisons. Il se demande s'il est aussi beau qu'au moment où il a séduit la femme qu'il aime, s'il bande toujours... Il se demande s'il sera à la hauteur de la tâche. Or, quand il y a inquiétude, forcément il y a tourment. L'homme est constamment sur le qui-vive. C'est pourquoi le féminisme me paraît enfantin. On ne peut juger l'homme comme certaines femmes le font. Il faut comprendre ses difficultés. L'homme est lâche et brave à la fois. Cela devrait être deux choses qui ne vont pas ensemble et pourtant c'est exactement ce qui se passe. Disons qu'il est brave dans les grandes occasions, les grands sentiments. Il peut donner sa vie pour la patrie. En revanche, dans les petits choses, il se conduit avec la plus extrême lâcheté. C'est un être pitoyable, l'homme. Pitoyable parce qu'il est formé par les femmes. Pour l'homme, la femme c'est d'abord la mère, c'est elle qui s'occupe de toutes les choses qui forment le caractère d'un individu. Aussi quand on dit qu'un homme reste toujours un enfant, c'est un euphémisme pour ne pas dire qu'il est tout simplement enfantin. Je crois que les pères ne s'occupent pas assez de leurs fils. S'ils s'en occupaient un peu plus, peut-être que les hommes seraient moins roulés dans la farine par les femmes. Les femmes ne sont pas plus intelligentes que les hommes, mais elles sont tellement plus rusées. A ce sujet, je vais te raconter une histoire. Il y a quelques années, je me trouvais du côté de Mougins, chez une amie et, durant ce séjour, est arrivée une copine de mon amie. Cette dernière voulait acheter une petite maison dans le coin. Un beau matin, nous voilà tous partis à la recherche de la maisonnette. Il y avait là, outre cette jeune femme, le bailleur de fonds, son amant. Arrivée dans l'agence, la fille en question consulte les propositions affichées et négligemment son doigt se pointe sur une annonce. Avant, il faut que je te dise que nous étions partis pour un achat de 200 millions de centimes. Or, le doigt qu'elle pointait se dirigeait vers une bâtisse de 900 millions de centimes.

– Oh, dit-elle à son jules, si nous passions la voir, juste pour regarder?

Le gars acquiesce et nous voilà partis. On arrive devant la fameuse demeure, superbe, 900 millions! Moi, tranquillement, j'allume une cigarette et me réfugie sous un figuier. De là, j'étais bien placée pour regarder le petit jeu de la donzelle. Entre onze heures du matin et quatre heures de l'après-midi, elle a persuadé son amant de passer de 200 millions à 900 millions et tu sais avec quel argument – je te le donne en mille? Celui de l'économie. Elle lui a tenu un discours inouï. Elle allait même jusqu'à prendre de la terre dans ses mains pour lui prouver que c'était de la bonne terre et qu'on pourrait y planter des salades. Lui était ravi, aux anges. A quatre heures, il signait le chèque. Je me suis dit : « Ma fille, tu es rarement épatée, mais là vraiment tu peux l'être ».

QUESTION : Mais comment était-elle cette fille, superbe?

RÉPONSE : Mignonne, beaucoup plus rusée que belle. Non je te dis, si le talent de la Callas m'en bouche un coin, devant celui de cette fille je suis restée ébahie. Le comble c'est que le type se croyait très fort. Il voulait nous prouver, à moi et à mon amie, quelle femme intelligente et économe était la sienne.

Une autre fois, je me trouvais sur un yacht, pour une croisière. Le yacht appartenait à un riche industriel très puissant, qui dirigeait des milliers d'employés. Jusque-là j'avais vu son épouse plutôt admirative. Et voilà qu'au large de Capri, brusquement, pendant le déjeuner, la femme soumise s'est mise à insulter la gent masculine, et à travers elle, bien entendu son époux. Elle lui disait que ce n'était pas suffisant d'avoir du fric, que le fric ne permettait pas tout, que la plupart du temps ce genre d'hommes baisaient très mal, et qu'on ne le leur disait pas pour ne pas les contrarier. Bref, un règlement de comptes du plus beau style.

J'en avais les jambes et les bras coupés. Le soir, l'ambiance était plutôt morose. Je suis allée me coucher et je pensais que le lendemain matin, je ferais mes valises et débarquerais à Capri. Au lever du jour, je croise la maîtresse des lieux, pimpante, pleine d'allant.

– Alors, ma chérie? lui dis-je.

– Tout va bien, me répond-elle. Où sommes-nous?

– Je crois que nous allons aborder Capri.

– Oui, eh bien tu vas m'accompagner en ville, tu vas voir.

Nous sommes allées effectivement sur le port, dans la plus grande bijouterie de l'île et là, la nénette a acheté un superbe collier qu'elle avait remarqué l'année d'avant.

– Tu vois, mon chou, m'a-t-elle expliqué, ma scène d'hier était préparée d'avance, depuis Paris!

Elle avait tout répété dans sa tête. Elle était sûre du résultat. Il s'agissait d'humilier son mari, puis après de le faire payer, et lui faire payer cher son pardon!

Le don de sa personne méritait bien un collier de plusieurs millions. Voilà... C'est d'ailleurs la même qui m'enviait parce qu'un beau jour, je suis rentrée chez Dior m'acheter un vison.

– Écoute ma chérie, lui ai-je dit, tu en as cinq, pourquoi es-tu jalouse du mien?

– Oui, mais la différence entre toi et moi, c'est que moi je dois jouer la comédie pour me les faire offrir. Tandis que toi, tu entres, tu ouvres son sac et tu fais le chèque.

– Ah oui, ai-je répondu, parce que tu voudrais être ce que tu es, plus ce que je suis!

Elles veulent toutes ça. Être putes et P.-D.G. à la fois.

LE PASSÉ EST UNE CHOSE SANS INTÉRÊT

La mémoire est une chose détestable, un miroir qui est posé constamment devant votre visage et qui vous rappelle votre passé, et le passé, sauf pour les historiens, est une chose sans intérêt.

QUESTION : Mais on ne peut pas éviter la mémoire.

RÉPONSE : Je le sais, mais moi je voudrais être amnésique.

QUESTION : Pour retrouver ton innocence?

RÉPONSE : Non, pour ne plus avoir d'amertume. La mémoire ne protège de rien, elle est ton témoin permanent, c'est une désolation. La mémoire, c'est le passé, le passé c'est ce qui est derrière soi et tout ce qui est derrière soi appartient à la mort.

QUESTION : Mais on ne peut pas vivre non plus sans passé.

RÉPONSE : Non, pas plus que l'on ne peut vivre sans racines, sauf quelques fleurs comme les nénuphars.

QUESTION : Mais toi, tu es une déracinée.

RÉPONSE : Oui, je suis une déracinée et je ne tiens pas tellement à posséder des racines, ou plutôt je me suis inventé mes propres racines, ici rue Jean-Ferrandi, des racines que je me suis choisies. On ne peut vivre sans mémoire, mais ça ne fait rien, c'est mon vœu : oublier tout.

QUESTION : Que voudrais-tu oublier le plus?

RÉPONSE : Le temps!

QUESTION : Tu voudrais oublier même les moments de bonheur.

RÉPONSE : Il y en a eu si peu.

QUESTION : Mais il y a eu ceux du métier, quand même.

RÉPONSE : Très peu, pour ainsi dire jamais. Chaque pas dans mon métier de comédienne a constitué une telle bagarre... Très peu d'actrices ont connu de tels inconvénients. Mes plus grands succès, je les ai payés très cher, trop cher.

QUESTION : Pourquoi, à ton avis, y a-t-il des individus pour qui tout semble toujours facile, et d'autres le contraire ?

RÉPONSE : C'est une question de loterie. Moi, je n'ai pas tiré le bon numéro.

QUESTION : C'est uniquement une question de loterie, le caractère n'a rien à y voir ?

RÉPONSE : Non, il y a des êtres pour qui tout est facile. Dès le berceau, ils ont la grâce et d'autres non. C'est comme ça.

QUESTION : Mais est-ce que tu ne crois pas que les individus qui ont à conquérir des choses, deviennent des êtres de meilleure qualité ?

RÉPONSE : Non, on dit ça pour se consoler... Non, non crois-moi.

JE SUIS L'ECTOPLASME DE LA PROFESSION

Je n'ai pas assez contrôlé ma vie, j'ai perdu beaucoup trop de temps. Je me suis aperçue trop tard que la vie était très, très courte, la capacité d'un dé à coudre.

QUESTION : Quelles sont ces années perdues?

RÉPONSE : Celles passées avec Hanoteau.

QUESTION : Il revient comme un leitmotiv Hanoteau, tu le reconnais.

RÉPONSE : Oui, oui. C'est pourquoi je ne veux pas trop parler du passé.

QUESTION : Mais on est obligé d'en parler.

RÉPONSE : Oui, certainement, mais je voudrais tellement oublier.

QUESTION : Mais Alice, il faut que les lecteurs se disent : « Cette fois-ci, Alice Sapritch nous dit tout. C'est une femme, un être humain qui nous parle, qui se confie. » C'est pour cela qu'il faut même évoquer les choses qui te font mal, en parler une dernière fois, et puis fermer la porte.

RÉPONSE : Oh! une dernière fois!

QUESTION : Je voulais dire publiquement dans un livre.

RÉPONSE : Un jour j'étais chez Lipp, c'était juste après mon divorce avec Hanoteau. Un copain me demande comment je vais. Il s'attendait à ce que je maltraite mon mari. Je lui ai répondu : « Mon chou, ça va très bien. » Alors, il m'a lancé en s'éloignant : « Oh, vous les femmes, vous avez une capacité d'oubli extraordinaire! » Tu vois pourquoi je n'aime pas parler du passé. Tellement de gens seraient ravis que j'en dise du mal. Or, évidemment, je ne peux pas en dire que du bien. Non, certainement pas. J'avais tous les éléments dans ma main, mais je n'ai jamais pu récolter les joies que normalement ma carrière et ma célébrité auraient dû m'apporter. J'ai rencontré si peu de chaleur dans ce métier. Je vais te raconter une anecdocte qui résume tout. C'est un copain, bienveillant bien sûr, qui me l'a rapportée. Un jour, ce copain était assis à côté de deux comédiennes, Micheline Presle et Françoise Christophe, et voilà que la conversation est venue sur moi. Micheline Presle demande à Françoise Christophe : « Dis-moi, il y a une chose qui m'étonne quand même, est-ce que c'est vrai que Sapritch est très connue? » Et Françoise Christophe de répondre : « Oui, c'est vrai, très connue. » Alors là, Micheline s'exclame : « Ah oui, et pourquoi? »

Voilà... « Et pourquoi »... Je suis un incident dans ce métier. Je ne mérite pas ce que j'ai. Je n'ai aucune existence, je suis atypique, complètement atypique.

QUESTION : Et comment expliques-tu cela?

RÉPONSE : Parce que pour mes camarades je n'ai aucune identité. Je suis inclassable. Très peu de gens m'estiment dans ce métier. Pour ainsi dire personne. Il n'y a que le public qui m'aime, depuis les boueux jusqu'aux huissiers de l'Élysée. Mais les gens de la profession, non. A l'époque des caricatures de Thierry le Luron, ils me connaissaient. Ils disaient : « Sapritch, ah oui, cette folle que Le Luron imite... » Mais maintenant qu'il n'est plus là, j'ai sombré dans l'oubli. Je n'ai jamais eu un coup de téléphone d'une copine ou d'un copain me félicitant pour l'un de mes rôles. D'ailleurs, quand je suis avec des comédiens, je sens que pour eux je ne fais pas le même métier. Je ne fais rien. L'autre jour, j'assistais à une réunion, il y avait là une attachée de presse du festival d'Automne et une autre qui s'occupe du théâtre à la FNAC. Pendant toute la soirée, c'était Jeanne par-ci, Jeanne par-là... Jeanne! Jeanne! ça c'est une actrice...

QUESTION : Jeanne, Jeanne Moreau?

RÉPONSE : Évidemment. Pas un mot en ce qui me concerne, alors que je venais de faire un succès avec *Catherine de Médicis*. D'ailleurs, personne ne l'a vu. De toute façon, on ne voit jamais ce que je fais...

QUESTION : Tu en as de la rancœur?

RÉPONSE : Non, plus maintenant. Non ce serait stupide. A un moment donné c'est irréversible, le pli est pris. Toute ma carrière repose sur des malentendus. Je suis une voleuse. J'ai volé la place que j'occupe. Rien ne me destinait à cela, ni argent, ni soutien. Je n'ai couché avec aucun metteur en scène. J'ai peu de mérite, aucun ne me l'a demandé.

En dehors de la télévision, tout ce que j'ai fait a été marginal, comme avec Savary, par exemple. On prend le personnage, pas la comédienne. La comédienne n'existe pas. Je suis l'ectoplasme de la profession. Une vraie comédienne pour ces gens-là c'est une théâtreuse. Il y a des années-lumière qui me séparent de tout ça. Je ne suis pas de leur milieu. Ils ne m'aiment pas et je ne peux pas aimer des gens qui ne m'aiment pas.

QUESTION : Tu en ressens de l'amertume.

RÉPONSE : Non, non, l'amertume c'est le cancer du cœur. Je ne veux pas vivre de regrets.

QUESTION : Après un point d'une si grande lucidité, comment conçois-tu ton avenir ?

RÉPONSE : Mon avenir, c'est la mort.

QUESTION : Oui, d'accord comme nous tous, mais avant ?

RÉPONSE : Oh, peut-être encore interpréter deux ou trois grands personnages dans le style de *Marie Besnard* ou de *Catherine de Médicis*, des personnages à haute tension, c'est ce qui m'intéresse. Le reste je m'en fiche.

J'AI DÉÇU MON PÈRE TOUTE MA VIE

Je hais mon enfance. Aujourd'hui, quand je vois des enfants j'ai la nostalgie de ce qu'aurait pu être ma jeunesse. A Istanbul où nous vivions, mes parents, mes sœurs et moi, je n'ai pas de souvenir d'éclats de joie. Mon père n'était jamais là ; c'était un joueur fanatique. Il jouait à tout, tout le temps. Ma mère était une pleureuse. Toute sa vie, elle s'est sacrifiée pour son mari. Moralement c'était une femme battue. Sa propre mère ne lui pardonnait pas d'avoir épousé mon père. Il est vrai qu'ils s'aimaient d'amour. Mais malgré cet amour, pour mon père, le jeu primait tout et il a toujours primé. Il restait des semaines entières parti. Toute sa vie, il l'a vécue dans une inconscience totale. En fait, il était l'homme le plus heureux de la terre. Il n'avait ni conscience, ni morale. Il était sans scrupules. Je n'ai jamais connu de vacances. Nous ne célébrions aucune fête, aucun anniversaire. Moi, il m'aimait à sa façon. Il avait décidé, une fois pour toutes, que j'étais unique et différente. Il s'attendait à ce que je sois la meilleure partout. Il m'a laissée seule à dix-sept ans à Paris. Il ne pouvait rien m'arriver! J'avais dix-sept ans. Si j'étais devenue l'équivalent d'une Liz Taylor, pour mon père cela aurait été normal. De tout ce qui m'est arrivé, par la suite, rien ne l'a jamais étonné, au contraire cela n'était jamais assez. Je crois que je l'ai déçu tout le temps. Pour lui, ce métier je ne pouvais le concevoir qu'en haut de l'affiche. Il voulait que je me surpasse, que je sois différente des autres. Cette différence, ça a été un poids que j'ai traîné toute ma vie, un fardeau qui s'est transformé en catastrophe. Mon père est mort il y a dix ans. Jusqu'à la fin de sa vie, il m'écrivait des lettres pour me demander de l'argent. Je l'ai entretenu pendant des années.

QUESTION : Tu en as voulu à ton père?

RÉPONSE : Parfois oui, assez souvent.

QUESTION : Et à ta mère?

RÉPONSE : Non, elle subissait, la pauvre. Elle priait. Elle est morte quelques mois après mon père, elle ne pouvait pas vivre sans lui.

JE SUIS TOTALEMENT INDIVIDUALISTE

La différence est un fardeau physique et mental. Tous nos maux viennent de la différence. On dit que la différence rend plus fort, peut-être, mais il faut pouvoir la supporter.

QUESTION : Mais en ce qui te concerne, quelle est ta principale différence?

RÉPONSE : Mon regard sur les autres, mais aussi une très grande sensibilité, une manière de tout comprendre rapidement et d'analyser les choses. J'étais une enfant anormale de ce point de vue-là. Plus tard, cela s'est poursuivi. Ce n'est pas un avantage, pas du tout. Combien de fois me suis-je dit qu'à cause de ma différence, je suis passée à côté de bien des choses et surtout d'une certaine candeur qui aide à vivre. Mon malheur c'est de comprendre. Lors de mon arrivée à

Paris, à Saint-Germain-des-Prés, j'ai fréquenté beaucoup de gens exceptionnels. J'avais le snobisme de la différence chez les autres. Je les fréquentais, mais je ne me mêlais pas à eux, car en vérité les individus qui sortent du rang veulent une cour autour d'eux et moi je n'ai jamais été le thuriféraire de personne, ni une groupie. Je n'ai jamais appartenu à un clan. J'étais à côté, voilà tout. J'ai fréquenté Jean-Paul Sartre et Simone de Beauvoir, je les écoutais, mais je n'ai jamais fait partie de leurs intimes.

QUESTION : Mais est-ce que tu en avais envie?

RÉPONSE : Pas du tout, je préférais me perdre dans mes rêves. J'ai très tôt compris que ces êtres-là étaient avant tout des vampires. Or, moi je voulais les regarder, mais conserver mon indépendance, ne pas leur « appartenir ». Tout se tient au fond, après avoir passé une audition chez Dullin, qui s'est remarquablement déroulée, Dullin m'a dit : « Tu as été formidable, mais je ne t'engagerai pas parce que tu n'as pas une mentalité de troupe. » Ce fut une très grande déception. Mais des années plus tard, j'ai compris qu'il avait raison. Je ne supporte pas la promiscuité d'une collectivité, je suis totalement individualiste.

QUESTION : Revenons à ta jeunesse, seule à Paris, quels étaient les sentiments que tu ressentais alors?

RÉPONSE : La peur, constamment la peur.

QUESTION : Peur de quoi?

RÉPONSE : Peur de ne pas retrouver la clé de ma chambre sur le panneau de l'hôtel, des choses aussi simples que ça.

QUESTION : Des hommes te faisaient la cour?

RÉPONSE : Oui, beaucoup. C'était terrible parce qu'ils voulaient coucher avec moi et moi j'avais d'autres objectifs. Je voulais l'amour fou, alors évidemment il y avait malentendu. En réaction, je devenais agressive et maladroite.

QUESTION : Tu n'as pas un seul souvenir agréable de cette période?

RÉPONSE : Aucun, non aucun.

A CHAQUE FOIS TOUT EST A RECONQUÉRIR

J'ai toujours eu le sens de la culpabilité. Tout ce que je possède, je l'ai gagné, mais je me dis parfois : est-ce bien raisonnable d'avoir réussi à économiser plus que la petite cabotine qui a jeté l'argent par les fenêtres? C'est tellement dérisoire. Ce sens de la culpabilité qui vient de mon enfance m'a empêchée d'envisager les événements simplement. Je vais te raconter une histoire à ce sujet. Il y a quelque temps, j'avais fait de la pub et gagné un peu d'argent. Mon rêve était de m'acheter un diamant. Sur ce, je me trouve à Nice où j'ai une amie milliardaire qui a des coffrets de bijoux vrais et faux. Je rentre dans une boutique où je vois une bague qui me plaît énormément. Fausse, tout ce qu'il y a de plus faux. Elle valait 1 500 francs. Je l'ai achetée. Aussitôt, mon amie et toutes ses copines se sont jetées sur le faux diamant et ont cru qu'il était vrai, qu'il valait plusieurs millions de centimes. Eh bien, depuis ce jour-là, cette bague qui m'avait tellement plu, je ne peux plus la porter. Le fait que l'on puisse croire qu'elle est vraie – mais moi je sais qu'elle est fausse – m'empêche de la mettre au doigt. C'est ça pour moi le sens de la culpabilité et pour tout c'est ainsi. Dans mon métier, par exemple, j'ai prouvé mes qualités et en fait je ne devrais plus avoir de problèmes. Eh bien j'en ai quand même. A chaque fois tout est à reconquérir. Les êtres, dès qu'ils possèdent un petit pouvoir, dès qu'ils ont la possibilité d'humilier les autres, ils le font. Il m'arrive assez souvent, beaucoup trop souvent, de subir le côté faux jeton ou la mauvaise humeur de ces personnages sans qualité que je méprise. Une chose que j'exècre, c'est bien d'être obligée de faire un sourire à un type qui est abject. Or, il faut le faire, dans les bureaux de la télévision, à la direction des chaînes. C'est une humiliation pour moi. Être obligée, pour obtenir un petit bout de signature, de faire semblant. Heureusement, étant donné mon âge et le travail que j'ai fourni dans le passé, j'ai quand même la possibilité de taper sur les doigts quand l'occasion se présente. C'est le prix de ma liberté. Je ne le fais pas souvent, mais cela m'arrive quand il faut remettre les pendules à l'heure. Il ne m'est jamais rien arrivé par la grâce ou le hasard. Dès la minute où j'ai réalisé que rien ne me serait donné ou alors des choses de très mauvaise qualité, j'ai dû me bagarrer, devenir le pivot des entreprises. L'écrivain Jean Cayrol, un ami de Jean-Louis Bory, me disait : « Tu comprends, toi tu es l'arbre dans le patio et c'est autour de cet arbre que la maison doit se construire. » Il avait raison. J'ai compris à ce moment-là que je n'aurais jamais rien de qualité si je n'avais pas mon adaptateur, mon scénariste, etc. Les beaux rôles, je me les suis donnés. Avec Bory, qui a été formidable, je pouvais gagner et j'ai gagné.

QUESTION : Tu avais peut-être trop de personnalité pour être une interprète. Il t'aurait fallu être une créatrice à part entière.

RÉPONSE : Oui, oui, absolument. Mais avec Bory c'est ce que nous faisions. Je ne sais pas si le sacrifice de sa vie à son métier est une bonne chose. Ma seule satisfaction est de pouvoir satisfaire mes besoins. Il ne manquerait plus que je sois vieille et sans argent. Mais tout de même, tout est si difficile qu'il y a des moments de fatigue...

QUESTION : C'est peut-être qu'actuellement tu vis l'un de ces moments. Mais tu n'as peut-être pas toujours pensé comme cela et tu ne penseras pas ainsi dans l'avenir.

RÉPONSE : Peut-être, mais de toute façon les jeux sont faits. La vie réelle est peut-être mieux que la vie rêvée. Or, moi, mon métier je l'ai toujours placé dans le domaine du rêve. J'ai vécu mon existence dans une maison de carton. J'ai vécu de rêve. Le seul côté positif de tout ça est que je peux encore continuer à rêver. Mais en réalité, je ne rêve plus ou alors ce sont des cauchemars.

NOUS SOMMES DES VOYEURS

La télévision est une boîte de Pandore, quelque chose de diabolique : sur l'écran se profile tout ce qui est le plus infernal chez l'homme. L'information télévisuelle est à l'état brut. L'image possède en elle-même un pouvoir d'impact que n'a pas l'écrit. Elle arrive chez vous comme une bombe et c'est le regard de chacun qui doit décrypter, comprendre ce qui s'inscrit là, devant vous, sur le rectangle blanc. Je considère la télévision comme un instrument formidable et difficile à la fois. Les images de Roumanie m'ont terriblement intéressée, et notamment celles du dictateur que l'on a sorti d'un tank, exactement comme on tire de la chair à saucisse passée au Moulinex. Il faut penser que quelques jours avant, ce même homme, Ceaucescu, était le tyran le plus puissant d'Europe. C'est inouï! Cette image débarque chez vous, comme ça, entre la poire et le fromage. Il faut croire que le cerveau humain est bien outillé pour supporter de tels chocs, parce qu'il y a de quoi perdre pied.

QUESTION : Perdre la conscience de soi-même?

RÉPONSE : Absolument. Par la télévision, tout peut nous arriver. Ce soir même, aux informations, peut-être qu'on nous assènera des nouvelles incroyables. Mais on s'habitue, un événement chasse l'autre. On attend toujours un peu plus, un peu plus fort, un peu plus dramatique. Les deux cadavres des dictateurs roumains, ça nous a passionnés quelques jours, mais en vérité on en aurait voulu un peu plus. La preuve, c'est qu'ils ont été obligés d'augmenter le chiffre des morts pour que ce soit plus attractif...

QUESTION : Nous sommes devenus des voyeurs?

RÉPONSE : Oui, exactement. Nous sommes des voyeurs, mais surtout des consommateurs. Et qui dit consommation, dit fric. La télévision achète pour nous tous les crimes, toutes les révolutions. C'est pour cela qu'elle joue un rôle capital.

QUESTION : Mais toi qui as connu une société sans télévision, crois-tu qu'elle ait changé fondamentalement notre existence?

RÉPONSE : Certainement, tout passe par elle, tout. C'est ce que je me tue à dire à Jack Lang qui est sceptique. On se réveille avec la télévision, on se couche avec la télévision, on la mange. Elle est devenue un aimant; on ne peut plus s'en passer. Même lorsqu'on ne la regarde pas, il faut qu'elle soit allumée. Elle modèle les hommes politiques. Ce qui les préoccupe aujourd'hui, les hommes politiques, c'est de bien passer sur le petit écran. C'est capital pour eux. Dans le temps, un politicien, il était à la Chambre des députés ou dans son bureau en train de travailler ou de magouiller, qu'importe. De nos jours, il faut qu'il passe à la télévision et là il suffit d'un geste, d'une faute, pour que toute une carrière soit mise en l'air. Nous sommes tributaires de cet appareil qui distribue les dividences.

QUESTION : La considères-tu comme un mal absolu ou un bien relatif?

RÉPONSE : Ce n'est ni un mal, ni un bien. Elle est là. Imperturbable. C'est un volcan. Voilà. Elle te projette tout ce qui est intéressant, tout ce qui est important et tout ce qui est abject.

QUESTION : Oui, mais d'une façon superficielle, car c'est la télé ou plutôt ceux qui la font qui décident de ce qui est important.

RÉPONSE : Non, je ne crois pas, il y a choix d'accord, mais il y a tellement de choses que même à travers ce choix, une certaine vérité transparaît. Comme on disait avant : il y a suffisamment d'étoffe pour faire la robe.

QUESTION : C'est un mal nécessaire par conséquent.

RÉPONSE : Ce n'est pas un mal, c'est essentiel. En ce qui me concerne, je consomme la télévision à ma façon, je ne regarde jamais les films qui sont déjà passées plus de dix fois avec leurs images jaunies. En revanche, je regarde à partir de 10 heures et demie. Il y a des documentaires, des débats qui sont indispensables à l'homme moderne.

QUESTION : Penses-tu que l'information est bien traitée à la télévision?

RÉPONSE : Mais non, mais elle ne l'a jamais été, sous aucun gouvernement. L'information à la télévision c'est très difficile parce qu'elle est une loupe grossissante. Ce n'est pas comme dans les journaux où on peut faire des commentaires. Ainsi, il n'est pas possible de dire du mal d'un film à la télévision, ça ferait trop de dégâts.

QUESTION : Mais toi qui es quelqu'un de la civilisation du mot et du livre, qu'est-ce que ça te fait d'être passée au monde de l'image?

RÉPONSE : J'aime bien la télé. Mais là aussi, il faut éduquer les gens, les habituer à ne pas regarder n'importe quoi. Il faut apprendre certains gestes et c'est ce que l'on ne fait pas. Chacun devrait chausser ses lunettes, lire les programmes et choisir en connaissance de cause, apprendre à arrêter l'image.

QUESTION : Mais la plupart des gens n'agissent pas ainsi.

RÉPONSE : Je sais, il y en a qui dorment avec la télévision allumée.

QUESTION : Mais ne crois-tu pas qu'elle façonne le raisonnement des individus dans le sens d'un consensus général ?

RÉPONSE : Oui, absolument. Mais c'est trop tard, on ne peut plus l'arrêter, c'est fini.

QUESTION : Est-ce que cela t'inquiète ?

RÉPONSE : Non, c'est une façon d'aller à la pêche ou à la chasse.

QUESTION : Qu'est-ce que tu entends par là ?

RÉPONSE : Un gars qui reste assis sur un pliant pendant des heures avec une canne à la main, ce n'est pas beaucoup plus valorisant que rester immobile devant la télévision.

QUESTION : Oui, mais la télévision transforme les individus.

RÉPONSE : Cela les transforme, même complètement, mais comme toujours elle n'agit que sur ceux qui sont transformables. Les faibles. Elle est faite pour ça. Mais il y a des choses passionnantes pour une petite minorité et c'est parfait.

QUESTION : Mais toi tu es quelqu'un qui fait corps avec la télé?

RÉPONSE : Certainement, je dois tout à la télé.

QUESTION : Est-ce que tu trouves qu'actuellement les chaînes sont entre de bonnes mains?

RÉPONSE : Ça dépend lesquelles. Ce qui est détestable, ce sont les changements constants. Pour les créateurs, c'est terrible. Chaque nouveau directeur met six mois ou un an pour faire l'état des lieux. Pendant ce temps, on ne travaille pas.

QUESTION : Que penses-tu de TF1?

RÉPONSE : TF1 c'est une entreprise. Il faut que ça marche et ceux qui la dirigent vont dans ce sens. Mais un jour, ils vont changer de cap et trouver une image de marque qui leur manque encore. Il y a des professionnels à TF1, des gars comme Mougeotte ou Patrick Le Lay sont des hommes qui connaissent bien leur boulot. Bien sûr, tout ça marche avec la pub. Mais c'est comme ça, quoi qu'il arrive. TF1 est la chaîne qui détermine les autres.

QUESTION : Quels ont été tes rapports avec les décideurs de la télé?

RÉPONSE : Toujours les mêmes, un exemple : après les Audimats formidables de *Marie Besnard* ou de *Catherine de Médicis*, j'ai rencontré les mêmes difficultés. C'est-à-dire qu'il faut toujours persuader. Voilà ce que j'ai envie de faire et voilà ce qu'ils n'ont pas envie de faire justement. C'est à chaque fois la même chose, il faut les convaincre.

QUESTION : Ton système a toujours été de prendre ton téléphone et de les appeler?

RÉPONSE : Oui, mais ce n'est pas une chose qui m'excite follement. Je préférerais que ce soit le contraire, qu'ils m'appellent juste pour me signaler le jour ou je dois signer le contrat.

QUESTION : Et cela ne s'est jamais produit?

RÉPONSE : Si, si. Mais pour des rôles insignifiants. Lorsque ce sont eux qui me choisissent, ils se mettent le doigt dans l'œil. Au contraire, quand c'est moi qui choisis, je ne me trompe pas. *Marie Besnard, Catherine de Médicis*, c'est moi, *Vipère au poing*, aussi.

QUESTION : Déjà à cette époque?

RÉPONSE : Surtout à cette époque. Pourtant mon

succès à la télévision avec l'aide de Bory a été grandiose. Si j'avais eu autant d'audience au théâtre et au cinéma, j'aurais fait une carrière éblouissante. Mais je n'ai pas eu cette chance.

QUESTION : Tu regrettes d'avoir réussi à la télévision et pas au théâtre ou au cinéma?

RÉPONSE : Bof, maintenant c'est trop tard pour les regrets et de surcroît la télévision va gagner des galons. Tant pis pour le cinéma.

QUESTION : Tu es devenue célèbre parce que la télévision entre dans tous les foyers et que les gens qui ne vont jamais ni au théâtre, ni au cinéma, te connaissent.

RÉPONSE : Oui, j'ai eu de la chance, du flair aussi, et Jean-Louis Bory m'a fait des adaptations exemplaires. Ce qui fait qu'à chaque apparition j'apportais un plus, un approfondissement de mes rôles.

QUESTION : Est-ce que tu penses que ton physique a compté énormément? Les gens t'ont identifiée d'abord par ton physique.

RÉPONSE : Oui, peut-être, mais enfin s'il suffisait de passer à la télévision pour être une vedette... Tous les soirs, il y a des comédiens qui sont sur le petit écran et qui ne deviennent jamais des vedettes. Cela ne suffit pas. Il faut que le clou soit enfoncé. Cela commence par « Oh, c'est celle qui jouait *La Cousine Bette* », quelque temps après c'est « Oh, c'est celle qui s'appelle Sapritch, oui c'est cela Sapritch »; et plus tard, « Oh, c'est Alice ». Malheureusement, à la télévision, ce n'est pas le public qui vous engage. Plaire aux boueux, c'est difficile, mais ce n'est pas le boueux qui te passe une commande. Pourtant c'est à ce moment-là que tu es populaire.

QUESTION : Au cinéma, une vedette qui fait des entrées pour un film, immédiatement après on va lui proposer un tas de projets. Ce n'est pas le même processus à la télévision.

RÉPONSE : Ah non, les décideurs ont d'autres soucis en tête. Ce qui manque à la télévision aujourd'hui c'est la fiction française, de la bonne fiction française et non tous ces produits de séries américano, argentino, etc.

QUESTION : Que penses-tu des réalisateurs télé?

RÉPONSE : Il y en a des bons et des médiocres. Mais ce ne sont pas des artistes, juste des artisans. Il n'y a pas l'équivalent d'un Visconti à la télévision. Un jour, peut-être... Mais je ne serai plus là...

J'APPARTIENS A JEX FOUR

On fait tout pour être populaire et une fois qu'on le devient on n'en voit que les inconvénients. J'essaie, le plus souvent possible, d'être aimable. Mais il m'arrive aussi de faire défaut parce que je suis préoccupée par ceci ou cela et que l'admiration de la foule tombe mal. Ceux qui vous aiment croient que c'est normal que vous soyez toujours disponible. Ils arrivent avec un petit bout de papier à l'improviste et il faut le signer. En principe, ils sont gentils avec moi. Mais il faut les tenir parce qu'il arrive un moment où certains auraient tendance à s'asseoir sur vos genoux.

QUESTION : Tu as connu ça quand tu faisais les animations dans les grands magasins.

RÉPONSE : Oui, oui, mais là j'avais une protection.

QUESTION : On te faisait signer des photos; trouvais-tu cela dérisoire?

RÉPONSE : Non, on me payait pour ça. Je faisais cela professionnellement. C'est lorsque c'est gratis que c'est fastidieux.

QUESTION : Après une séance de signature, est-ce que tu te sentais le cœur réchauffé?

RÉPONSE : Pas du tout, j'avais la voiture qui m'attendait avec le chauffeur au volant et on rentrait vite sur Paris. Ce métier n'est possible que lorsqu'on possède une très grande lucidité. Lorsque l'on flanche quelque part, on flanche partout. Et c'est à ce moment-là que tu deviens factice. Il faut que chaque geste possède sa propre spécificité. Mais on ne doit pas mélanger les genres, et surtout ne jamais se dire : c'est formidable, je suis l'as des as, je suis Michael Jackson. Il ne faut pas perdre la tête.

QUESTION : Mais si un jour on ne te reconnaissait plus dans la rue, tu en souffrirais?

RÉPONSE : Non.

QUESTION : Cela doit être dur pourtant l'anonymat?

RÉPONSE : Oui, mais justement il faut se protéger, se préparer en restant le plus souvent chez soi.

QUESTION : Mais toi lorsque tu sors, tout le monde te reconnaît.

RÉPONSE : Je sors peu et de toute façon jamais seule.

QUESTION : Est-ce que cela ne te manque pas de faire des escapades ?

RÉPONSE : Si, cela me manque. Je ne peux plus m'installer à une terrasse de café par exemple.

QUESTION : Tu vas au *Flore* ?

RÉPONSE : Jamais à la terrasse, et à l'intérieur les garçons enlèvent les chaises autour de ma table...

QUESTION : Tu y vas régulièrement ?

RÉPONSE : Plus maintenant, depuis six mois je suis handicapée, mais j'espère y retourner bientôt. J'aime bien aller là écouter et regarder. Je suis comme un bébé. J'aime les beaux couples qui s'embrassent. Ce sont de très belles images fugaces.

QUESTION : Est-ce que tu essaies d'imaginer leur histoire ?

RÉPONSE : Parfois, je fais un scénario autour d'un couple.

QUESTION : Cela se termine bien ?

RÉPONSE : Jamais, non. (rire)

QUESTION : Qu'est-ce qui leur arrive?

RÉPONSE : Mais ce qui doit leur arriver : des catastrophes de toutes sortes. Ils vont se quitter alors que, dans l'instant, ils croient à leur amour absolu qui, en fait, n'est que transitoire. Je ne crois plus à l'amour, mais j'en aime l'image. L'amour est l'une des illusions de l'homme. J'y ai longtemps cru et si j'avais à donner un conseil à une jeune femme ou à un jeune homme, c'est d'y croire aussi, absolument, oui, quoi qu'il arrive et malgré les retours de bâton.

QUESTION : Venons-en à tes prestations dans le domaine de la publicité.

RÉPONSE : La publicité, ça m'a rapporté de l'argent facile, comme dirait François Mitterrand. Grâce à elle, j'ai pu aider ma nièce à construire une maison de campagne, et cela m'a aidée à m'offrir des choses.

QUESTION : Quoi par exemple?

RÉPONSE : Ma salle de bain. Mais ceci dit, il ne faut pas croire que tourner dans des pubs m'apporte beaucoup de joie. En vérité, je n'aime pas du tout. Mais si demain, on me proposait d'en faire de nouvelles, je le ferais. Malheureusement, j'appartiens à Jex Four et plus personne d'autre ne peut m'employer.

AUX IMITATIONS DE THIERRY LE LURON, JE PRÉFÈRE L'ORIGINAL

On m'a beaucoup imitée... L'horreur ! J'ose le dire : je préfère l'original. Paix aux cendres de Thierry Le Luron qui a donné le la, mais enfin il en a beaucoup profité à mon détriment. Lorsqu'il m'imitait, la caricature a pris le dessus. Les gens ne me voyaient plus qu'à travers lui. Le public ne se rend pas compte. Je sais, on est en démocratie, mais enfin... Il est vrai que je n'ai pas toujours su protéger ma vie personnelle. A un moment donné, j'étais entourée de pédés. Un beau jour, je me suis aperçue que je faisais leur joie. J'ai négocié le virage à temps, de justesse pour ainsi dire. N'empêche qu'on se fait une fausse idée de moi. Il y a quelque chose qui me met hors de moi : c'est lorsqu'on me dit : « Vous qui êtes si mondaine... » Le parisianisme, les conneries de ce genre, je déteste. Lors d'une émission à la télévision, il y a quelques années de cela, *L'homme en question,* le critique théâtral Gilles

Sandier a donné une version terrible de moi, de ce que je suis pas. Il me voyait à travers les caricatures. L'esprit de l'émission, c'était de mettre une vedette en accusation. Il y avait un avocat et des détracteurs. Il a fallu que je sois forte pour m'en sortir et gagner la partie. Sandier m'a pourfendue sur mon style de vie, mes relations, enfin tout.

QUESTION : Mais Alice, tu aimes bien malgré tout les dîners en ville?

RÉPONSE : J'aime bien, mais enfin je ne cours pas après. L'autre jour, j'ai failli sortir de la voiture d'une copine parce qu'en traversant le Pont-Neuf, en direction de l'île Saint-Louis, elle m'a dit : « Ah voilà le quartier de vos mondanités! » Quelles mondanités? Sur l'île Saint-Louis, je ne connais que Jean-Claude Brialy et deux autres amis qui habitent quai d'Orléans. Je ne passe pas ma vie dans l'île Saint-Louis. Ce que je déteste, ce sont les étiquettes. D'ailleurs dans les dîners en ville, je suis très silencieuse, j'écoute. J'aime mieux écouter les sottises des autres qu'en dire moi-même.

QUESTION : Revenons aux homosexuels. Pourquoi aimais-tu leur entourage?

RÉPONSE : Il ne faut pas en faire un fromage. Pour une femme célibataire, sortir avec un couple d'hommes, c'est la meilleure solution. Comme je le dis souvent, il y en a un qui est au volant et l'autre qui ouvre la portière. Et puis les homosexuels sont des gens très disponibles. Ils sont curieux de tout et avec eux, au moins, il n'y a jamais d'enfant à garder, ni de biberon à donner à sept heures du soir. Si je leur téléphone pour aller au théâtre, ils sont d'accord. Mais enfin je ne cours pas après les homosexuels. En principe, je ne m'attarde pas sur la sexualité de mes copains.

LA BONNE PORTE

La bêtise humaine est sans limite. Parfois je me dis ce n'est pas possible. Eh bien oui, comme dans la publicité pour la S.N.C.F., c'est possible, tout est possible. Je pense que le cerveau humain fonctionne à l'envers. Par exemple, dans l'intelligence, il existe des sommets que l'on ne peut pas dépasser. Mais en revanche, dans la bêtise, on peut toujours aller plus loin. J'ai deux lignes de téléphone. Le numéro de l'une d'elles se trouve dans l'annuaire, tu ne peux pas imaginer les coups de fil que je reçois. Pas plus tard qu'hier au soir, une dame m'a appelée, à vingt et une heures, pour me demander si je connaissais un appartement à vendre dans le quartier. Incroyable non! Tu me diras pourquoi avoir mon nom dans l'annuaire? Eh bien, je te répondrai que c'est utile. C'est un baromètre, je perçois ainsi le désarroi des gens, la preuve que la plupart ne frappent pas à la bonne porte. Dans la vie, frapper à la bonne porte, c'est essentiel. Tout le destin d'un être peut se jouer sur un coup frappé à une porte. Si elle s'ouvre, on a frappé à la bonne porte. Mais à cela, on me rétorque : comment choisir? Effectivement c'est là que les choses se compliquent. Ce bon choix implique que, dès le départ, on doit se diriger vers cette porte qui s'ouvrira devant vous. Mais la majorité des individus vont vers n'importe où, autrement dit nulle part. La vie ressemble à un train. Si sur le quai, on prend un ticket pour nulle part, eh bien on arrive nulle part. Parallèlement à ces trains qui vont vers rien, il y a aussi ce que j'appelle les bouts de ficelle. A ce sujet, je vais te raconter une petite anecdote. J'ai une copine dont la grand-mère est une vieille dame, très bien, très comme il faut. Une dame âgée. Un jour, avec cette copine, je me trouve dans le hangar où la dame avait rangé des tas de cartons et de valises. Un monceau d'objets : ça allait de la capsule à la chaise déglinguée. Par hasard, j'ouvre un tiroir et je tombe sur un bout de ficelle à côté duquel se trouvait un carton où il était inscrit – d'une belle écriture à la plume – « bout de ficelle ne servant à rien ». Depuis, je pense à cette dame et à ce bout de ficelle. Je la vois écrivant son étiquette. Évidemment, j'ai l'air de prêcher une vision purement utilitariste du monde, tout doit servir à quelque chose. Ce n'est pas exactement la vérité, mais il est vrai qu'à la base, il faut que les choses soient explicites. Si cela était, il y aurait un peu moins de malheurs sur terre. Le sens de la vie, c'est de frapper à la bonne porte, celle qui a une chance de s'ouvrir.

J'en reviens à ma ligne de téléphone ouverte, si je la laisse ainsi c'est que je me dis qu'un jour, au milieu de ce capharnaüm de coups de téléphone, il y aura peut-être quelqu'un qui ne se trompera pas, quelqu'un qui me rassurera, qui me prouvera que j'ai tort de ne pas assez croire en l'homme. Les personnes qui me téléphonent généralement me demandent quelque chose. Or, on ne peut pas s'imaginer comment il est difficile de donner, de donner à bon escient. Il est plus facile de faire le malheur que le bonheur; détecter ce dont un être a besoin, en quoi on peut l'aider, est extrêmement délicat. Tout simplement parce que le bien est une chose arbitraire. Le mal existe, le bien est supposé. En général, en voulant faire le bien, souvent on fait le mal.

QUESTION : Qu'est-ce que tu penses de l'engouement actuel qui règne pour la charité?

RÉPONSE : C'est une une chose détestable. Tu sais j'appartiens à l'Orient. Or, l'Orient, c'est avant tout les mendiants. De tout temps, en Orient, on a mendié. J'appartiens à une tradition charitable. Dans mon enfance, à la sortie de l'église, il fallait donner la pièce à toute une rangée de mendiants, chacun la sienne. Cela fait partie des us et coutumes du pays.

Peut-être est-ce ce souvenir, mais pour moi le mendiant a un côté répugnant. Mais je reconnais qu'avec ce sentiment-là, on risque de passer à côté de quelqu'un qui est vraiment dans le besoin et qu'un simple petit sou pourrait sauver peut-être.

QUESTION : Mais qu'est-ce que tu penses de ces grandes opérations télévisuelles comme le Téléthon ?

RÉPONSE : Je suis contre. Le soir du Téléthon, ma voisine Françoise, une fille adorable qui descend de temps en temps me voir, me dit : « Vous avez vu, c'est formidable... » Je lui réponds : « Bof ! moi, vous savez des trucs comme ceux-là je n'y crois pas. » Elle insiste : « Mais ma chérie, vous n'allez pas rester sans rien faire ; moi qui n'ai rien, j'ai donné. » Bon d'accord, elle me convainc. Je décroche mon téléphone, et m'inscris pour mille balles. Ce n'est pas ça qui allait me ruiner. Il faut dire que peu de temps avant j'avais été tapée pour l'Arménie... Trois minutes après mon coup de fil, le téléphone sonne et un type m'insulte : « Salope Sapritch, évidemment tu n'as rien donné... » Voilà, je me suis fait insulter par un connard. Mais j'en reviens à ta question : je suis totalement opposée au show de la charité business parce qu'ainsi on rend paresseux l'État. Il n'y a aucune raison pour que nous nous substituions à l'État. Est-ce que l'État nous consulte, nous, les citoyens, pour donner des millions à l'armement ?

QUESTION : Mais que penses-tu des vedettes de la chanson, du théâtre, du cinéma qui participent à ce genre de show?

RÉPONSE : Le plus grand mal, car au départ, c'est toujours pour montrer le bout de son nez. Là aussi, peut-être, suis-je très pessimiste, mais je ne crois pas à ce genre de bons sentiments. Surtout quand ce sont des comédiens. Nous avons tellement l'habitude d'être sur les estrades en train de faire des grimaces. Une grimace de plus ou une grimace de moins... Alain Delon par exemple : au Téléthon, il est venu jouer son grand rôle. Il était d'ailleurs meilleur que d'habitude. Non, tout ce qui est excessif est inutile. La charité, il faut laisser cela aux bonnes sœurs dont c'est le métier. Elles sont formées pour ça. Nous, les artistes, nous ne le sommes pas. Nous, nous sommes formés pour nous battre, des couteaux entre les mains. Nous sommes déjà suffisamment bossus, bancals, c'est inutile d'aggraver notre cas en mimant les bons sentiments. C'est un défilé continu : l'un nous tape pour l'enfance malheureuse, l'autre c'est pour les femmes battues ou pour les femmes pas battues, je ne sais plus. Enfin... Je suis tolérante, alors pourquoi pas? Mais à la question de savoir si cela m'intéresse, je réponds : non.

QUESTION : Tu te dis très souvent tolérante, mais l'es-tu vraiment?

RÉPONSE : Oui, toujours, de tout temps.

QUESTION : Tu es peut-être tolérante, mais comme tu es quelqu'un qui s'affirme, il y a contradiction entre tolérance et caractère.

RÉPONSE : Ça n'a rien à voir. Je suis tolérante dans la mesure où j'admets que l'autre ait une pensée différente de la mienne. Mais je possède en moi toutes les contradictions.

JE CROIS PLUS AUX DEVOIRS DE L'HOMME QU'A SES DROITS

Ces derniers temps, ce que j'ai trouvé de plus dérisoire, c'est que la liberté pour un peuple se résume à un type qui brandissait, devant les caméras de la télévision, un sac d'oranges. Cela devait se passer en Allemagne de l'Est. Je trouve que là, on bascule dans une sorte de folie. Pour cet homme, la liberté égale un kilo d'oranges. Est-ce possible? Et dans le même temps, on parle des droits de l'homme au moment même où on vend des missiles, au moment même... Ou on reste isolé dans un désert et on se dit : tout est ainsi et c'est bien, ou alors on demeure en contact avec l'actualité et on ne peut qu'être plongé dans la dérision.

QUESTION : Mais cet homme qui avait acheté ces oranges, pour lui elles étaient le symbole de la liberté.

RÉPONSE : Oui, oui, il avait gagné... l'homme à l'orange.

QUESTION : C'est dérisoire, mais c'est beau aussi, des oranges pour quelqu'un qui n'en avait pas vu depuis quarante ans. Pour nous, c'est peut-être ridicule, mais pour lui c'est fantastique.

RÉPONSE : Une idéologie de la liberté qui repose sur un kilo d'oranges ou de bananes, me paraît quand même un peu faible, même si tous ces gens en ont été privés pendant des années. Écoute, je sais que je vais faire hurler beaucoup de personnes, mais je crois que les peuples méritent les régimes qu'ils ont. Quand on analyse la situation des pays de l'Est, on constate tout de même une certaine mollesse, mollesse qui, un jour, explose bien sûr. Dans ces pays on a voulu établir le bonheur par la force. En voulant établir le bonheur, on a suscité le malheur. Imposer le bonheur c'est la dictature. Il y a des peuples qui sont plus facilement soumis à la dictature que d'autres. Il faut accepter les inégalités. On parle trop des droits de l'homme et pas assez des devoirs de l'homme. La liberté se mérite. On ne peut pas être libre sans tenir compte des obligations de la liberté. Jusqu'à présent, les peuples des pays de l'Est ne méritaient pas la liberté. Heureusement, ils se sont réveillés. Je peux difficilement concevoir qu'un dictateur comme Ceaucescu puisse durer trente ans, sans le consentement des Roumains. S'il a pu faire tout ce qu'il a fait, c'est qu'une partie de la population était d'accord.

QUESTION : Mais tu sais comment les pays de l'Est fonctionnent, la population est tellement encadrée, manœuvrée, manipulée qu'il est pratiquement impossible de se révolter et même de protester.

RÉPONSE : Oui, oui, mais il y a très peu de gens qui méritent le titre d'individu. Certaines populations aiment être en masse, et c'est pour cela que les dictatures réussissent.

QUESTION : Les Français sont différents.

RÉPONSE : Plus individualistes, heureusement.

QUESTION : A ton avis, on n'impose pas un régime à une population sans son consentement.

RÉPONSE : Absolument, et chez l'individu comme pour les peuples, la démarche est la même. Il faut arracher sa liberté.

QUESTION : Toi tu l'as méritée ta liberté.

RÉPONSE : Je crois, je l'ai payée en tout cas.

QUESTION : Comment?

RÉPONSE : Je l'ai achetée cher. On ne m'a rien

donné. D'ailleurs, la liberté ça ne se donne pas. Quand on a été malmené dans son enfance et dans sa jeunesse, on a acquis une force ou plutôt un sentiment pour lequel il faut avoir le plus grand soin : c'est la dignité. Les peuples, comme les individus, perdent tout quand ils perdent la dignité. On ne devrait pas à chaque instant évoquer les droits de l'homme, mais plutôt ceux de la dignité de l'individu. Il faut respecter la liberté de l'autre, mais il est indispensable également de se faire respecter soi.

QUESTION : Est-ce que tu crois que beaucoup de personnes ont le sentiment de la dignité?

RÉPONSE : Tout est mélangé dans un magma : libertés, droits de l'homme... C'est pourquoi il faut des distinguos. La dignité c'est la liberté, la liberté c'est la dignité. Le code du savoir-vivre c'est comme le code de la route. La conduite de sa propre vie est essentielle et très peu de personnes l'apprennent. Il ne suffit pas de dire pardon si vous marchez sur les pieds de quelqu'un, il faut aussi qu'il y ait autre chose, ce que j'appellerais le sens de l'autre. Tu sais, je ne conduis pas, mais lorsque je rentre dans une voiture, il suffit que le conducteur mette le contact pour que je sache à qui j'ai affaire immédiatement. Je peux faire l'analyse de son caractère. Pourquoi? Parce que la façon de conduire une automobile et la façon de se conduire dans la vie sont les mêmes. C'est un parallèle que j'ai observé des dizaines, des centaines de fois. On parle à propos de la voiture de défouloir, mais moi je crois que plutôt se dessine, dans la conduite, une espèce de géographie de l'homme. On en voit tous les défauts et toutes les qualités.

QUESTION : Quelqu'un qui brûle un feu rouge, ça signifie quoi ?

RÉPONSE : C'est un personnage anarchique, qui peut non seulement se tuer, mais aussi tuer les autres. Je connais des conducteurs qui ne supportent pas qu'il y ait quelqu'un devant eux. Oui, tout cela est très révélateur, on parle trop de libertés et pas assez de dignité ; trop de droits et pas assez de devoirs. Dignité et devoirs sont opposés à liberté et droits.

LA FAUCILLE ET LE MARTEAU PLUS LOURDS QUE LA CROIX ET LE CHAPELET

Je m'interroge sur Gorbatchev. C'est quelqu'un qui essaie d'endiguer ce qu'il ne peut plus contrôler. Incontestablement c'est une bête politique. Il a pour lui une sorte de faconde et surtout une présence. Mais à travers lui, on se rend compte aujourd'hui que les décrets signés par les politiques d'une façon factice – je veux parler essentiellement de Yalta – ne tiennent pas la route. Les accords qui ne respectent ni les ethnies, ni les frontières naturelles, ne peuvent que s'écrouler un jour ou l'autre et n'ont de valeur que sur le papier. Il faut respecter les individus. Regarde en France, dans le nord, il y a des mineurs ; on leur proposerait des maisons charmantes dans le midi, au soleil, eh bien ils n'en voudraient pas. Ils préfèrent Béthune ! Tout simplement parce qu'à Béthune, ils connaissent le charcutier du coin, ils ont là leurs amis d'enfance... Et pourquoi pas ? On ne peut pas traiter les êtres humains comme des porcs qu'on trimbale dans des camions. On ne peut pas les mettre dans des paddocks.

L'autre erreur très grave commise dans les pays de l'Est, c'est d'avoir supprimé la religion. Un véritable désastre. Pourquoi supprimer la religion? Cela ne mange pas de pain. Soi-disant elle abrutissait les peuples. En vérité, on leur enlève un petit bonheur et on ne leur donne rien en échange. C'est un marché de dupes. On leur a fait supprimer le chapelet et la croix pour les remplacer par la faucille et le marteau. Or, la faucille et le marteau, c'est beaucoup plus lourd à porter et ne rend pas plus intelligent. C'est sympathique de lever les yeux au ciel, de prier, c'est un réconfort irremplaçable. Aussi, maintenant tout le monde s'engouffre dans les églises, c'est les curés là-bas qui vont avoir le pouvoir.

QUESTION : Puisqu'on parle d'église et de religion, es-tu croyante?

RÉPONSE : Il existe peut-être une possibilité d'un Dieu, mais je n'y croirai que le jour où il n'y aura plus de canons braqués sur des enfants. Tant que cela existera, je ne pourrai pas croire en Dieu.

QUESTION : Mais il y a toujours eu des canons et des enfants devant.

RÉPONSE : Oui! C'est pourquoi je n'arrive pas à croire.

QUESTION : Tu ne peux pas concevoir que le mal cohabite avec l'idée de Dieu.

RÉPONSE : Absolument.

QUESTION : Mais Dieu ne nous impose ni le bien, ni le mal.

RÉPONSE : Mais alors, il sert à quoi? Il sert à quoi, Raoul, dis-moi, à quoi?

QUESTION : Dans la religion chrétienne, le fils de Dieu est venu nous apporter le rachat.

RÉPONSE : Je n'adhère pas à cette histoire. Si Dieu existe, je voudrais qu'il m'aide à comprendre.

QUESTION : Est-ce que tu as déjà prié?

RÉPONSE : Non, non... Ma mère priait toute la journée, elle m'en a dégoûtée à jamais. Elle était très bigote. Cela dit, je ne suis pas contre la prière. Il existe peut-être une force au-dessus des hommes. Mais cette force, dans l'appréhension que j'ai d'elle, n'apporte aucune réponse à mes interrogations, à mes tourments.

QUESTION : Tu ne crois pas à une vie dans l'au-delà?

RÉPONSE : Peut-être. Je ne sais pas... Vraiment je ne sais pas.

MON DIEU... MON DIEU...

Je n'ai pas la foi, mais je suis extrêmement superstitieuse. Je suis persuadée qu'il existe des êtres qui dégagent des ondes bénéfiques et d'autres des ondes maléfiques. Dans mon métier, c'est tout à fait logique de croire à cela. Car après tout qu'est-ce que la présence pour un acteur ? Justement, cette chose indicible qui émane de lui. Le même rôle, joué par dix acteurs différents, ne sera jamais pareil. La différence, elle est dans la présence.

De ce fait, je suis très sensible aux ondes que les êtres dégagent. Je vois tout de suite lorsqu'il émane de quelqu'un de mauvais fluides : la jalousie, l'envie. Immédiatement, cela me fait frémir d'horreur. Je déteste quand on me dit : « Oh, tu as de la chance. » Je sais, par la façon dont c'est dit, si c'est quelqu'un d'envieux, qu'il va m'arriver une tuile et cela ne rate pas. Il m'arrive une tuile.

QUESTION : As-tu des dons divinatoires?

RÉPONSE : Non, mais je sais que dans certains cas, je prévois le malheur. Je sens lorsqu'on me veut du mal, je le sens. J'ajouterais même que c'est l'une des causes pour lesquelles je deviens agressive. Je prends les devants. Ma façon de vivre en solitaire vient de cela, aussi, je suis recroquevillée sur moi-même, parce qu'en vérité j'ai peur des autres. J'ai très peur. Je te l'avoue, les gens me font peur. D'où mon choix de la solitude.

QUESTION : Ils t'ont toujours fait peur?

RÉPONSE : Oui, quand quelqu'un rentre dans une pièce, je peux dire si cette personne est bénéfique ou non.

QUESTION : Que fais-tu si elle est maléfique?

RÉPONSE : J'essaie de ne pas provoquer son mauvais œil. Je crains le mauvais œil. Alors je me retiens, je me minimise. Un jour, j'étais avec deux copines. Elles se sont mises à parler de maladie et l'une d'entre elles me parle d'une maladie grave qu'elle a eue. Immédiatement, je l'arrête et je lui dis : « Oh, tu sais moi aussi je l'ai eue. » Sur ce, celle qui avait eu cette maladie s'en va et l'autre copine me dit : « Mais quand est-ce que tu as été malade? » Je lui réponds : « Je n'ai jamais été malade. Je lui ai dit ça pour lui faire plaisir. »

C'était une façon de déjouer le mauvais sort, tu comprends.

QUESTION : Comment expliques-tu la superstition alors que tu ne crois pas au surnaturel?

RÉPONSE : Si, j'y crois, en partie. C'est pourquoi je regrette de ne pas avoir la foi. Malgré tout, c'est une drôle de chance de croire. Dommage. Mais je n'arrive pas à me convaincre.

QUESTION : Tu ne crois pas à la religion, mais tu crois en son contraire : la superstition. Cela fait partie de ton esprit pessimiste?

RÉPONSE : Absolument.

QUESTION : Tu préfères croire au diable qu'à Dieu?

RÉPONSE : Non, aux deux.

QUESTION : Et si tu avais à parier sur l'existence de l'un des deux, tu parierais plutôt sur le diable.

RÉPONSE : Les deux, je te dis, les deux. Cela dépend, si dans la boîte aux lettres je trouve un beau contrat, alors je crois au bon Dieu.

QUESTION : Cela t'arrive, alors, d'y croire?

RÉPONSE : Oui, mon Dieu... Mon Dieu...

MA LIBERTÉ : LA CONTRADICTION !

La révolte est un sentiment que je connais bien et que j'apprécie. A condition de savoir la diriger. Je n'aime pas le donquichottisme. Il faut savoir ce que l'on peut obtenir en se révoltant. Bref, il faut organiser la révolte. L'anarchie demande beaucoup plus d'organisation que l'ordre. C'est pourquoi on a tant de difficulté à vivre la liberté. En vérité, très peu de personnes comprennent la liberté. Il est beaucoup plus facile de mettre des foules entre des fils barbelés pour les diriger que de les lâcher en plein air et de leur dire : « Allez et faites pour le mieux. » La plupart des gens, dès qu'ils se trouvent en plein air, sont perdus. La facilité c'est d'être entouré de murs, de fils de fer barbelé, de miradors. Ma révolte s'exprime plus contre l'absurde que contre l'injustice. Par exemple, il y a des images qui ne cessent de me révolter depuis des années. Ce sont celles où, à la télévision, on nous montre des paysans renverser des tonnes de denrées sur la chaussée, alors qu'il y a tant de peuples, à travers le monde, qui ont faim! Je sais, je sais, on m'a expliqué cent cinquante fois qu'il n'y avait pas de rapport entre ces deux événements. Eh bien, je m'en fous qu'il n'y ait pas de rapports. Je ne peux pas comprendre ce genre de subtilité. Je ne peux pas et je ne veux pas. Je dis : zut! Les cours de ci, les cours de ça, ce genre de raisonnement atteint le comble de l'absurde. Absurde et bête. Ce n'est pas digne de l'homme de gaspiller. Je suis contre le gaspillage.

QUESTION : Es-tu plutôt d'une nature prodigue ou quelqu'un qui comptabilise?

RÉPONSE : Raisonnable. Disons que j'ai des à-coups. J'ai des flèches. Je monte et je descends, des sauts de puce. Le fond de ma nature est tout à fait imprévisible. Je n'ai aucune règle absolue. Cela dépend de mon humeur. Je suis comme le ciel de Paris. C'est pourquoi lorsqu'on me dit à tel endroit, tel jour, vous avez dit telle chose, j'arrête tout de suite mon interlocuteur. Je revendique le droit à la contradiction. Ce que je dis dépend du contexte, de mon état d'âme. En règle générale, je ne fais pas de morale, mais je ne veux pas non plus qu'on limite ma propre liberté. Or, ma liberté c'est justement d'être en contradiction perpétuelle avec moi-même.

QUESTION : Et tu trouves que la contradiction est constructive.

RÉPONSE : Certainement. Surtout si cette contradiction ne gêne personne. J'ai le respect de l'autre. Je n'ai jamais empiété sur sa liberté. Alors qu'on préserve la mienne et que l'on me foute la paix. Je n'aime pas déranger et je n'aime pas qu'on me dérange.

QUESTION : Ce doit être difficile quand on mène une carrière ?

RÉPONSE : Non, pas du tout. Parfois j'ai un coup de fil à donner, eh bien, je fais trois fois le numéro dans ma tête. Et finalement je ne téléphone pas. Tout simplement parce que j'ai peur, peur de déranger.

QUAND ON VEUT UNE ROLLS ON L'A

On attendait de la gauche qu'elle fasse des réformes sociales. Elle en a fait, mais toutes de travers, jamais en profondeur. Et c'est normal, les responsables de la gauche sont issus de la grande bourgeoisie. En France, tout ce qui est déterminant est entre les mains de cette grande bourgeoisie ou de ceux qui en sont issus, que ce soit dans le monde du spectacle ou de la politique. Aux U.S.A., c'est différent ; les immigrants sont arrivés avec leur baluchon, c'était le désert. En revanche, chez nous, de tout temps, il a existé des différences.

QUESTION : A ton avis, il est difficile aujourd'hui encore lorsqu'on est issu d'un milieu modeste, de tracer son chemin ?

RÉPONSE : Difficile, mais pas impossible. Un jour l'écrivain Michel Tournier a déclaré à *Radioscopie* :

« Quand on veut une Rolls on l'a. » C'est une phrase qui a été relevée, et mal relevée bien entendu. C'est une phrase extrême. Mais moi je crois que Tournier a raison. Quand on veut vraiment les choses, on les obtient. Ce que je reproche à ceux qui se plaignent tout le temps, c'est qu'en fait ils ne désirent pas, ils ne savent pas ce qu'ils veulent – et ne pas savoir ce que l'on veut, c'est déjà avoir perdu la partie.

Quand tu rentres dans un bureau, le patron est assis et toi tu es debout. Tu es en état d'infériorité. Tu ne sais même pas s'il va te dire de t'asseoir. Tu es là, en attente, sur un pied branlant. Alors, il faut être culotté, savoir ce que l'on va demander et le faire vite et bien. Combien de jeunes s'adressent à moi en me disant : « Je voudrais être comédien. » Ils n'arrivent même pas à formuler cette simple phrase. Ils m'ont au téléphone et au bout de cinq secondes, je sais que j'ai affaire à un ringard. L'absence de volonté se traduit au niveau du langage ; les phrases sont mal faites, informes. Or, non seulement c'est comme cela dans la vie, mais au cinéma aussi. Il n'y a plus de dialogue, uniquement des borborygmes. C'est fait exprès pour que les gens s'y reconnaissent, se disent : tiens, tel acteur, telle actrice ne parle pas mieux que moi.

MOURIR POUR DES BILLETS DE BANQUE

On dit que je suis dure et, comme tout ce qu'on dit, c'est entièrement faux. L'autre soir, à la télévision, j'ai eu le cœur fendu par un reportage sur un jeune gars, un vagabond. Sa mère est morte, il couche à la gare de Lyon, il erre toute la journée. Un type intelligent, mais instable. Pour manger, il va à la soupe populaire ou à l'Armée du Salut. Qu'un être aussi jeune soit obligé de mener une telle vie me révolte. Pourquoi ne prévoit-on pas des endroits pour que des cas similaires puissent se laver, dormir? La pauvreté me révolte.

QUESTION : Mais est-ce que parfois ce n'est pas un effet de la faiblesse des individus?

RÉPONSE : Bien sûr, le jeune dont je te parle n'avait pas de « colonne vertébrale ». Mais enfin il voulait s'en sortir. Son rêve c'était d'avoir un costume neuf pour se présenter à un patron. Il était pathétique.

QUESTION : Les événements du monde te révoltent-ils de la même façon?

RÉPONSE : Oui, par exemple, l'ingérence de certains pays dans la vie d'autres pays. Je pense au Liban. Ce qui se passe là-bas, ce n'est même plus une question de guerre de religion, mais tout simplement une lutte pour le pouvoir. Si encore on pouvait dire : ce sont les Arabes contre les chrétiens, mais pas du tout. Il n'y a pas très longtemps, j'étais à un dîner, assise à côté d'un banquier libanais. Il était là, en compagnie de son épouse. Lui repartait le lendemain pour Beyrouth, tandis que sa femme restait à Paris. Visiblement, il avait de quoi se payer dix appartements avenue Foch. Un milliardaire. Je lui ai demandé pourquoi il retournait à Beyrouth. Il m'a répondu : « Mes affaires sont là-bas. » Il risquait sa vie pour ses affaires. Il retournait à Beyrouth, gagner du pognon, quitte à recevoir une bombe sur la gueule. J'ai trouvé cela écœurant. Écœurant que l'argent prime tout. Voilà : son fric était là-bas. Cela te résume toute la guerre du Liban; c'est un conflit que l'on entretient. Si on avait voulu l'arrêter, les Russes et les Américains l'auraient stoppée en vingt-quatre heures. L'horreur, l'horreur absolue, ce sont les innocents qui en meurent. A notre époque, il n'existe plus aucune idéologie, ni politique ni religieuse. Il faut beaucoup de bonne volonté pour croire à quoi que ce soit. Auparavant, dans le cours de l'Histoire, on se battait pour conquérir. Il y avait une flamme. Tandis que maintenant, on meurt pour des billets de banque. Inflammables!

PORTRAITS DE GROUPES
MITTERRAND, LANG, ROCARD, CHIRAC, BREDIN

Parler de Mitterrand, vaste programme... Un très grand homme qui s'est approprié une place inamovible. Plus rien ne peut lui arriver, sauf l'inéluctable. C'est un homme qui sait donner. Or, la façon de donner est très révélatrice. Donner est bénéfique et maléfique à la fois. Les prébendes que distribue Mitterrand, c'est de la ciguë. Ceux qui les reçoivent, doivent faire attention de ne pas se courber jusqu'à se casser les reins. Je dis cela pour tous. Or, Mitterrand sait faire courber les têtes, de telle façon qu'il leur est parfois difficile de se redresser. Et c'est à ce moment-là, je pense, qu'il ressent une certaine jouissance. Je pense... J'ai eu beaucoup de plaisir à jouer *Catherine de Médicis*, à cause de François Mitterrand. J'ai fait un parallélisme entre les deux personnages. Le pouvoir est passionnant parce qu'il permet plusieurs vies. C'est une partie d'échecs qui se joue seul. Le pouvoir fascine.

Même ceux qui s'en méfient se laissent gagner par lui, embobiner. Et c'est à cet instant que les choses deviennent très complexes. Le pouvoir, à son extrême, aboutit à l'excès de pouvoir, donc à la dictature. Dieu merci, ce n'est pas le cas avec François Mitterrand!

QUESTION : A ton avis, existe-t-il chez Mitterrand comme chez Catherine de Médicis une grande duplicité?

RÉPONSE : Gouverner c'est prévoir toute une possibilité de puzzles. Duplicité ne veut rien dire du tout. En politique, il y a une chose essentielle et cette chose c'est la « raison d'État ». Dans ce terme, il y a tout. Pour la raison d'État, les hommes politiques peuvent être amenés à faire des choses incompréhensibles à première vue. C'est pourquoi il ne faut pas tenter de tout expliquer. Les hommes politiques sont comme les acteurs. Ils sont uniques. On ne peut pas en parlant d'eux employer la même terminologie que pour le commun des mortels. C'est une erreur. Du moment qu'on est unique, la règle est unique aussi. Ce fait d'être unique vous octroie le droit de vous comporter de façon différente. On ne peut pas vous juger avec la même aune que le commun des mortels. La forme d'intelligence la plus grande, c'est de pouvoir tout se permettre. Les dictateurs ont perdu la partie, de très peu. A un moment, ils ont basculé. Il a suffi d'un rien. Le communisme a perdu la partie parce qu'il a ôté la religion. Khomeiny a gagné parce qu'il a rendu la religion, même si c'est sous la forme du fanatisme.

Je connais le couple Lang depuis longtemps. A l'époque, il s'occupait de théâtre à Nancy. C'est le critique Gilles Sandier (aujourd'hui disparu) qui me les a fait rencontrer. Il y a eu des hauts et des bas dans notre amitié. Au départ, j'ai fait un très mauvais calcul psychologique, poussée par Sandier qui n'aimait pas Monique Lang. Je me suis mise à ne pas l'aimer non plus. Je suis très méfiante vis-à-vis des femmes et en particulier des femmes de ministres. Lorsqu'il fut nommé à la Culture, mes relations avec le couple subirent de nombreux zigzags. Je me fâchais, je boudais. Là-dessus arrive 1986. Jack n'est plus ministre... Or, j'ai une particularité : autant j'apprécie les gens bien placés et qui ont réussi, autant je ne leur tourne pas le dos quand cela va mal pour eux. Pour la première de *Marie Besnard*, qui avait lieu sur les Champs-Élysées, à l'agence Havas (une grande soirée à « fla-fla », c'est Hervé Bourges qui organisait la fête), je téléphone aux Lang pour les inviter. Monique me répond : « Oh, comme c'est gentil, tu es un ange, ma chérie. » Le soir de la projection arrive, c'était en deux parties. A la fin de la première, je vois arriver le couple Lang, bras dessus, bras dessous.

« Vous êtes en retard », leur dis-je. « Mais cela ne fait rien, vous verrez la seconde partie. »

Ils restent là, pendant l'entracte. Il y avait un buffet. On papote. Enfin bon, tu vois le genre. Arrive l'heure de la reprise de la projection ; je quitte les Lang. Quelques minutes plus tard, on me signale qu'ils viennent de partir. Ils étaient venus uniquement pour savoir si Léotard était présent. Léotard n'étant pas là, ils étaient partis. Je trouvais ça un peu fort de café. Cette fois-là je me suis fâchée pour de bon. Là-dessus Jack Lang redevient ministre. Peu de temps après, son chef de cabinet m'appelle pour m'informer que le ministre a besoin de moi. Je l'interromps avant même qu'il me dise pourquoi. « Écoutez, dis-je, Jack n'a qu'à me recevoir. Je sais qu'il est occupé, mais moi aussi. » Quelques jours plus tard, j'obtiens mon rendez-vous avec le ministre. Il me reçoit dans son bureau : pendant une heure, je deviens une véritable virago. Je lui assène tous les reproches possibles et imaginables. J'en bavais. A tel point qu'il aurait dû me mettre à la porte illico. Pas du tout. Plus j'en rajoutais, plus il devenait suave. A un moment, j'attaque Monique. Il me laisse parler, puis avec beaucoup de gravité, il me déclare : « Dites-vous bien que s'il y a quelqu'un sur qui je peux compter vingt-quatre heures sur vingt-quatre, c'est ma femme. » Cela a été un déclic pour moi. Je me suis rendu compte que Monique était à sa disposition, que tout le monde était à sa disposition. En sortant du bureau, j'ai réalisé que je m'étais fait volontairement rouler. J'avais abdiqué. Ce qu'il voulait, c'est que je fasse sa promotion à Blois, dont il est le député.

QUESTION : Tu participes souvent à des opérations politiques ?

RÉPONSE : Ah! cela dépend de mes relations avec les Lang justement. Par exemple, je n'ai pas participé, en 1988, à la liste de soutien à Mitterrand pour la bonne raison que j'étais fâchée, à ce moment-là, avec eux. Quand je ne suis pas socialiste, c'est que je suis mal avec les Lang. Voilà. Donc j'ai été à Blois. Pour Jack, ce fut l'étonnement devant ma popularité. Autant le dire, il s'en est servi à plein. Il ne me lâchait pas, ravi, aux anges! Dans le fond, c'était très sympathique. En rentrant chez moi, j'ai pris une résolution. Je me suis dit : « Ma fille, ou tu te fâches définitivement, ou alors tu laisses couler. » Or, je suis bien trop vieille pour me fâcher avec un ministre.

Pour achever notre réconciliation, il m'a donné une décoration. A chaque coup, il me refile une médaille. Il en a plein les tiroirs. La dernière c'était le Mérite national. A l'occasion, il y a eu une réception où j'ai pris la parole, pour affirmer que désormais, au lieu qu'il y ait des hauts et des bas entre le ministre et moi, il n'y aurait plus que des hauts. Il y a un moment où l'on ne doit plus se fâcher avec les gens, dans la mesure où le temps que vous pouvez impartir à la fâcherie est trop court.

Mais j'en reviens à Monique Lang. Elle m'émeut parce qu'elle est la chose de son mari, une femelle, vis-à-vis de cet homme qu'elle aime passionnément. C'est une complicité qui me fascine, je ne suis pas loin de penser qu'il y a chez moi une pointe de regret. Je me dis : pourquoi n'as-tu pas trouvé un mari qui sache t'aimer comme Monique Lang aime son mari ! Ils forment un couple, un vrai.

QUESTION : Mais que penses-tu du ministre ?

RÉPONSE : Nous sommes tout à fait aux antipodes. Il défend un théâtre qui était déjà démodé il y a vingt ans. Il n'a absolument pas évolué. Par ailleurs, il n'aime pas du tout la télévision. Il n'appartient pas à la génération pour qui la télévision compte. Mais sur d'autres plans, il a bien compris l'impact médiatique actuel. Il est très critiqué, c'est vrai, mais lorsqu'on possède les avantages d'une situation, on en a forcément les inconvénients. Il paye son soutien inconditionnel à Mitterrand.

QUESTION : Est-ce que tu votes régulièrement ?

RÉPONSE : Oui, sauf quand je suis en froid avec les Lang... Mes convictions politiques s'arrêtent là... Sinon je suis socialiste. Déchaînée, il faut voir. Disons plutôt que je suis dérisoire, ce que je dois être.

QUESTION : Et François Léotard, tu l'apprécies ?

RÉPONSE : Je le connais très peu. Les hommes politiques veulent m'approcher, surtout lorsqu'il y a un photographe. Mais Léotard, je pense vraiment que sa place n'était pas à la Culture. Non.

Le pendant du couple Lang, c'est celui des Rocard. Nous avons dîné deux fois ensemble. Michèle Rocard, c'est l'anti-Monique Lang, tout en étant Monique Lang. Je m'explique : Michèle Rocard aide, elle aussi, son mari, mais au contraire de Monique, c'est un cerveau politique. Chez Michel Rocard, ce qui me plaît c'est son humour, la distance qu'il a avec les choses, et puis enfin je trouve que, parmi les zigomards qui veulent nous gouverner, c'est certainement le plus intelligent. Avec sa femme, ils forment un couple intéressant. Les femmes jouent un rôle primordial dans le destin des hommes politiques. Avant de connaître un ministre, il faut connaître son épouse. Indispensable!

Je connais très mal Jacques Chirac, mais Mme Chirac est l'une de mes fans, par conséquent je la trouve très bien. De surcroît, ils habitent un endroit sublime, l'Hôtel de Ville, toute l'aile qui donne sur les quais. Chirac m'apparaît comme quelqu'un d'assez aimable. Je n'ai aucune raison de le détester. Parce que, malgré ce que j'ai dit tout à l'heure à propos des Lang, je ne suis pas tout à fait du côté de M. Chirac, en politique. Mais enfin, moi je crois surtout aux hommes. Et je pense que Jacques Chirac est quelqu'un de bien.

Jean-Denis Bredin est un ami. Avec sa femme, ils forment un couple que j'adore. Ils possèdent une spécialité, chaque fois que nous dînons ensemble, ils me donnent l'impression qu'ils n'ont cessé de penser à moi nuit et jour. C'est extraordinaire comme impression. Je suis leur souci majeur dans la vie. Évidemment cela me fait chaud au cœur, même si ce n'est pas vrai. Je ne suis pas dupe. Malheureusement, c'est très difficile pour un célibataire – femme ou homme – d'être l'ami d'un couple, dans la mesure où il n'y a pas de place pour une tierce personne.

Jean-Denis Bredin c'est l'exemple d'une réussite calme et sans tempête : les grandes écoles, les études, le rang social. Le tout sans compromissions, il y a comme ça des êtres qui, quoi qu'on en dise, ont le sceau de la chance sur eux. Je crois beaucoup à cela. Il y a aussi son copain Badinter. Je l'ai fréquenté avant qu'il ne divorce d'avec la comédienne Anne Vernon. C'était un type amusant, très fringant. Depuis qu'il s'est remarié, je le fréquente moins. Voilà quelqu'un qui a assouvi toutes ses ambitions, il voulait devenir un crack, et il l'est devenu. Mais lui, au contraire de Bredin, c'est par l'effort qu'il y est arrivé, Badinter n'est pas issu d'un milieu privilégié. Au départ, il n'avait pour lui que sa belle gueule et son intelligence, tout de même!

SAINTE JEANNE

QUESTION : Que penses-tu des acteurs qui jouent la carte d'un homme politique?

RÉPONSE : C'est un rôle comme un autre. Pourquoi pas! C'est à la mode et puis encore une fois, comme je suis tolérante, je me dis que si quelqu'un peut trouver son bonheur là-dedans, il n'a pas de raison d'hésiter. Un maximum de bonheur pour un minimum d'efforts. Il faut essayer de tout prendre dans la vie, il faut chaparder. Elle passe si vite, la vie.

QUESTION : Oui, mais lorsqu'un acteur, un chanteur tient des discours, écrit des articles, présente des émissions politiques à la télé?

RÉPONSE : Tu penses à Yves Montand, là. Je crois que c'est un mauvais exemple parce que Yves Montand, pour moi, à part ses chansonnettes et ses numéros de claquettes, il a toujours été le mégaphone de Simone Signoret. Signoret que l'on a mise sur un piédestal parce qu'elle était le prototype de l'actrice pensante.

Signoret, passe encore, mais Jeanne Moreau... Moreau c'est l'anti-Sapritch. Autant je suis rejetée par ma corporation, autant elle, c'est sainte Jeanne. La moindre de ses pensées est une pensée biblique. C'est extraordinaire. Moi qui, sur le plan des idées, prends déjà très peu au sérieux les grands penseurs, ce n'est certainement pas dans les fonds de tiroirs de Jeanne Moreau que je vais chercher ma vision du monde. Non, c'est au-dessus de mon tarif.

QUESTION : Et tu la juges comment en tant que comédienne ?

RÉPONSE : Elle a tourné avec de bons metteurs en scène. Elle est bien... Elle est bien parce qu'elle a duré. Elle a tenu la barre, ce qui prouve que ce n'est pas une mauviette. A partir d'un certain temps, on ne juge les actrices que sur la durée. C'est tout. Le talent n'existe plus. Moreau a duré pendant tant d'années, donc elle est bonne pour le service.

TRUFFAUT : UN OGRE

Si j'ouvre le chapitre sur François Truffaut, on n'en a pas fini... Truffaut est l'homme qui a fait le plus de mal au cinéma français et paradoxalement au jeune cinéma. J'ai rarement vu – oui, peut-être chez Staline – quelqu'un d'aussi terroriste que lui. Il m'a engagée dans l'un de ses premiers films, *Tirez pas sur le pianiste*. Je l'ai vu travailler ; c'était quelqu'un de tout à fait bizarre. Si les acteurs et les metteurs en scène sont des êtres à part, alors lui, n'en parlons pas. Mais il y a quelque chose que personne n'a relevé jusqu'à présent et qui me paraît tout à fait incroyable : c'est que François Truffaut est le seul créateur à avoir basé sa création sur son double ; je veux parler de Jean-Pierre Léaud. Tout le cinéma de François Truffaut, c'est Jean-Pierre Léaud. Avoir l'envie constante de se regarder à travers un double, pour moi cela condamne quelqu'un. Ni Visconti, ni Orson Welles n'aurait osé ce que s'est permis monsieur Truffaut.

QUESTION : C'est un mégalomane pour toi?

RÉPONSE : Pire, pire, c'est quelqu'un d'inimaginable. Créer de toutes pièces son double et en faire son esclave, c'est impensable. Par ailleurs, c'était un démagogue. C'est lui le responsable du cinéma que nous avons, en France, actuellement.

QUESTION : Mais pourquoi?

RÉPONSE : D'abord parce qu'il s'est servi – lui et son clan –, le tout avec une attitude moralisante que contredisaient les faits. Il n'y a pas pire que les créateurs qui font passer soi-disant la morale avant leur art. L'art ne doit pas s'occuper de morale. La morale concerne les familles, la religion et l'État, un point c'est tout. L'art est une chose à part, une anomalie, une bosse. L'art doit être considéré sans foi ni loi.

QUESTION : Oui, mais enfin François Truffaut aimait les enfants. Il les a célébrés dans beaucoup de ses films.

RÉPONSE : Oui, mais c'était pour les manger. C'est un ogre!

S'IL AVAIT PU, DE FUNÈS M'AURAIT COUPÉE

Longtemps, la télé a été l'ennemi public du cinéma. Étant une vedette de la télé, j'étais englobée dans cette chose abominable. De ce fait, le cinéma n'a pas joué un grand rôle dans ma vie. En contrepartie, je l'ai boudé. Je suis une grande boudeuse. Ou plutôt j'ai trop aimé le cinéma pour ne point le haïr. J'aurais voulu être une star du grand écran. J'aurais pu l'être. Je le dis sans forfanterie. Je me place à l'égal d'une Magnani. A la télévision, j'ai joué des rôles similaires à ceux qu'elle a tenus au cinéma. Oui, il y a quelque chose de blessé en moi et cette blessure, c'est de me dire qu'aucun metteur en scène, ni petit ni grand, ne s'est adressé à moi autrement que de façon anecdotique et hasardeuse.

QUESTION : Il y a quand même eu *La folie des grandeurs*.

RÉPONSE : Parlons-en. Cela a été un malentendu, comme toutes les choses qui me sont venues de l'extérieur. Au départ, sur le script, mon personnage était un quatrième rôle. Rien du tout. D'ailleurs, pendant le tournage, personne ne s'est rendu compte de l'impact de mon personnage, et heureusement, parce que sinon ils auraient changé leur épée d'épaule.

QUESTION : Mais pourquoi?

RÉPONSE : Mais tout simplement parce qu'ils m'auraient coupée. Dans ce film, il y a un personnage qui n'apparaît pas du tout, interprété par Préboist. Mais au contraire du mien, il n'était pas impliqué dans l'histoire. Eh bien, de Funès l'a fait couper. Préboist était trop bon. D'ailleurs lorsque nous avons vu le film, en avant-première, le metteur en scène et tous les comédiens, de Funès n'arrêtait pas de se tourner vers moi en me disant : « Tu es trop bonne... Tu es trop bonne... » Moi j'étais aux anges. Ce n'est que plus tard que des amis m'ont signalé que s'il avait pu, à ce moment-là, tripatouiller le montage, il l'aurait fait.

QUESTION : Parle-moi un peu de cette fameuse scène de strip-tease.

RÉPONSE : Ah oui, Gérard Oury se faisait un souci monstre pour cette scène. Il voulait que je prenne des cours de strip-tease avec une vedette du *Crazy Horse Saloon*, Sophia Paladium, pendant plus d'un mois. Tu parles, nous nous sommes vues une fois. Une fille charmante d'ailleurs. Elle m'a dit deux ou trois trucs, et puis ce fut tout. Comme si remuer mon cul allait me poser des problèmes insurmontables. Ils l'ont fait venir en Espagne, pour qu'elle soit là le jour de mon strip-tease. Tu ne peux pas t'imaginer l'ambiance qui régnait sur le plateau. Pas pour moi, pour Sophia Paladium. Depuis la veille, tous les types avaient la queue braquée en direction de cette pauvre fille. Moi je rigolais dans mon coin; je savais que Sophia était loin d'être une pute. Tout s'est bien passé, j'ai fait mon strip-tease. Sophia est restée dans son coin. Le soir, monsieur Yves Montand s'est dirigé vers elle pour l'inviter à dîner; elle a répondu qu'elle regrettait, mais qu'elle devait dîner avec moi. Il faut t'imaginer la gueule du mâle remis à sa place. Incroyable!

Le film a fait un énorme succès, en grande partie grâce à cette séquence du strip-tease. Même Jean-Louis Bory, qui détestait Gérard Oury à un point exceptionnel, a laissé entendre que le film était bien.

QUESTION : Quels ont été tes rapports avec Louis de Funès et Yves Montand?

RÉPONSE : Je dois dire qu'ils m'ont foutu une paix royale. C'étaient de vrais professionnels. Tous les deux complètement indifférents à ce qui n'était pas eux-mêmes. Mais enfin c'est eux qui ont fait le film.

Non, ce que je regrette c'est qu'après ce succès énorme, jamais aucun d'eux, ni de Funès, ni Montand, ni même Oury, ne m'ait passé un coup de fil. Il y a pire encore. Après ce triomphe, j'ai eu beaucoup de propositions, des-sous-sous-produits de La *folie des grandeurs*. J'ai tourné beaucoup. Puis ça s'est arrêté tout d'un coup. Malheureusement, les impôts, eux, sont venus. C'était une époque où je traversais une mauvaise passe. En plus des problèmes d'argent, il y avait mon divorce avec Hanoteau. Aussi je décide de téléphoner à Gérard Oury qui préparait alors, toujours avec Louis de Funès, *Rabbi Jacob*. Nous nous rencontrons à la brasserie *La Lorraine*, à Paris. Je lui raconte mes problèmes. A la fin du repas, il me propose l'adresse d'un conseiller fiscal. Pas un rôle, non, l'adresse d'un conseiller fiscal! Autant te dire que je l'ai planté là. Nous sommes restés des années sans nous voir. Puis il y a deux ans, nous nous sommes retrouvés à la foire du Livre de Brive. Tous les deux sortions un livre. On se retrouve nez à nez à l'aéroport, je vais droit vers lui, c'est un trait de mon caractère, j'affronte :

– Tu sais que nous avons un contentieux ensemble, lui dis-je.
– Oh, mais pas du tout, me répond-il.
– Tu sais bien, le déjeuner à *La Lorraine*.
– Ah je ne vois pas. Je me demande ce que tu te mets dans la tête.
– Bon, tu ne t'en souviens pas, moi si. Cela ne fait rien, de toute façon il y a prescription.

On arrive à Brive, les organisateurs avaient préparé un déjeuner, tout se passe bien et, vers quinze heures, nous arrivons dans le hall de la foire. L'horreur! une queue énorme pour moi. J'ai signé plus de deux cents livres et lui, Oury, on avait eu la malencontreuse idée de le placer juste à côté. Mes lecteurs débordaient sur son stand. Il s'est fâché tout rouge, a exigé de déménager. On l'a installé en face où d'ailleurs il n'a pas eu plus de monde. Les gens lui disaient : « Vous n'êtes pas avec votre dame... »

J'ai eu peu de chance dans ce métier. Franchement c'est assez attristant. L'autre jour, je me trouvais à une première, au *Lido*, un gala de je ne sais plus quoi. Devant moi, il y avait une blonde qui me précédait. Moi, j'étais en grand tralala. La haie des badauds criait : « Alice, Alice, on t'aime. » Des bravos, des acclamations. J'arrive dans la salle, je m'assieds, la petite blonde trois fauteuils devant moi. A cet instant, un producteur que je connais lui frappe sur l'épaule et lui dit :

« Dis-donc, Jacqueline, n'oublie pas de passer demain pour signer ton contrat. »

La blonde en question se retourne, c'était Jacqueline Maillan. Moi on m'acclamait, mais c'était elle qu'on engageait.

Cela a toujours été le cas, c'est pourquoi aujourd'hui je veux fermer le livre. Ne plus l'ouvrir à la mémoire. Rien. Rien.

THÉÂTRE :
« MON DIEU, COMME JE SERAI BIEN TOUT A L'HEURE CHEZ MOI! »

Le théâtre, c'est pire que le cinéma. On en arrive à des choses incroyables. M. Weber et Maréchal se font construire des théâtres, rien que pour eux, pour jouer et monter les pièces dont ils ont envie. Il n'y a plus d'esprit d'équipe, rien du tout.

QUESTION : Tu parles de la décentralisation?

RÉPONSE : Absolument. La décentralisation ne sert qu'à quelques-uns et c'est nous qui payons tout ça.

QUESTION : Et le théâtre privé?

RÉPONSE : De toute façon, il n'y a plus de théâtre. Juste une chaise, un rideau, un acteur et une actrice. Rien d'autre. En ce moment, il existe un phénomène extraordinaire au théâtre du Gymnase. Il y a là une bonne femme qui, tous les soirs, fait 100 000 francs de recette. Tous les soirs! Et on ne connaît que le titre de la pièce ou plutôt du sketch. Cela s'appelle *La Madeleine de Proust*; la comédienne, personne ne la connaît. Elle fait 100 000 francs de recette...

QUESTION : Tu es allée la voir?

RÉPONSE : Non! C'est un monologue de café-théâtre. Les monologuistes qui éructent pendant une heure et demie, très peu pour moi. Dans dix ans, il n'y aura plus que trois ou quatre pièces et tout le reste sera des monologues, des sketches. Récemment, j'ai été à quatre générales. La seule qui m'ait intéressée a été celle de la pièce avec Pierre Dux dont je ne me rappelle plus le titre.

QUESTION : *Quelque part dans la vie.*

RÉPONSE : Ah oui, très mauvais titre. Donc, à part celle-là, lorsque je me suis trouvée assise dans mon fauteuil, je n'avais qu'une pensée : mon Dieu, comme je serai bien tout à l'heure chez moi!

QUESTION : Mais comment en est-on arrivé là?

RÉPONSE : Il y a eu des années et des années d'abus, une espèce de surenchère. Plus un décor coûte cher, plus il est beau. On finit par étouffer la pièce sous le décor. C'est comme les metteurs en scène : on ne dit plus : une pièce de Molière, mais une pièce de Planchon ; on ne dit plus : Edmond Rostand, mais Robert Hossein. L'époque veut ça. Ou on se met en colère ou on plane au-dessus de tout ça. Le mieux, c'est le moyen terme, tout n'est pas complètement négatif. Mais je serai toujours contre le gaspillage, le gaspillage est un fonds de commerce de notre temps. C'est dommage parce que plus aucune valeur n'est juste.

Je fais partie de la génération qui a eu la chance de voir le Théâtre des Nations. C'est-à-dire que j'ai pu admirer ce qu'il y avait de mieux dans le monde entier. Les premières mises en scène de Peter Brook, Laurence Olivier... Les plus grands sont passés au Théâtre des Nations. C'est peut-être pour cela qu'aujourd'hui il n'y a pas grand-chose qui puisse m'épater. Le théâtre, j'y suis allée tous les soirs pendant des années. Mais il me reste peu de souvenirs, de grandes émotions. Si, tout de même, *Le Soulier de Satin* de Claudel, pendant la guerre, interprété par Marie Bell. Marie Bell que j'ai revue des années plus tard, à un cocktail. J'étais tout près d'elle. Elle se tourne vers moi et me dit : « Alice, tu n'es pas venue me voir dans *Phèdre*. » Et moi, gaffeuse comme pas une : « Oh, Marie, il y a trente ans, je t'ai vue là-dedans, tu étais sublime ! » Autant te dire qu'elle m'a tourné le dos et qu'elle a foutu le camp. Dans mon esprit, ce n'était pas du tout une méchanceté. Mais enfin, elle l'a très mal pris.

QUESTION : Quelle est la dernière pièce qui t'a impressionnée ?

RÉPONSE : Je te l'ai dit, celle où joue Pierre Dux. Enfin ce n'est pas la pièce, c'est Dux qui m'a impressionnée. C'est mon dernier souvenir. Mais tu l'as remarqué, je ne me rappelais plus le titre. On mélange tout. Si on se souvient du metteur en scène, on ne se souvient plus du nom de la pièce ; si on se souvient du nom de la pièce, on ne se souvient plus des comédiens. Tout cela forme un magma. Il y a trop d'informations et pas assez de qualité.

CELUI QUI TOUCHE AUX ENFANTS MÉRITE LA MORT

Je n'ai pas de regrets de n'avoir pas eu d'enfants. Peut-être cela aurait-il été le cas si je n'avais eu la chance d'avoir une nièce, la fille de ma sœur, que je considère comme la mienne. La maternité pose beaucoup de problèmes chez un artiste. Et ce que j'ai vu autour de moi n'a toujours fait que me confirmer dans ma décision de ne pas mettre d'enfants au monde. Je connais des dizaines d'enfants de couples d'artistes qui sont très malheureux. Un artiste ne devrait jamais avoir ni famille, ni enfants. L'idéal, c'est de vivre dans une tour d'ivoire.

QUESTION : Mais tu n'as jamais ressenti le besoin charnel d'un enfant?

RÉPONSE : Non, pas du tout. Je ne suis pas d'accord avec ces jeunes vedettes qui, à longueur d'interviews, vous confient que leurs enfants passent avant tout, parce qu'au bout du compte les résultats sont loin d'être concluants. Combien d'enfants de vedettes du cinéma ou du théâtre sont camés, ou même se tuent. C'est une catastrophe.

QUESTION : Mais, par exemple, une jeune actrice comme Ornella Mutti qui place ses enfants avant sa carrière, est-ce une démarche démagogique d'après toi?

RÉPONSE : Mais je ne considère pas Mutti comme un bon exemple. Elle a une jolie gueule, sexuelle. Elle fait bander et puis c'est tout. Pour moi, ce n'est pas une actrice.

QUESTION : Sur ce sujet, l'enfant, tu n'as rien à ajouter?

RÉPONSE : Si, globalement je suis contre la peine de mort, mais lorsqu'on s'attaque à l'enfance, je suis pour la peine de mort. Parce que l'enfant est un être fragile et il faut que la société le protège par tous les moyens. Quelqu'un qui s'attaque à l'enfance est pour moi plus qu'un criminel, c'est un malade incurable dont il faut que la société se débarrasse.

QUESTION : Places-tu les trafiquants de drogue dans cette catégorie?

RÉPONSE : Certainement. Il faut être sévère avec ceux qui encouragent la drogue chez les enfants.

QUESTION : As-tu connu beaucoup de drogués?

RÉPONSE : Oui, dans ma jeunesse, à Saint-Germain-des-Prés. C'est d'ailleurs la raison pour laquelle je n'ai jamais essayé d'y goûter. Non plus d'ailleurs qu'à l'alcool. J'ai vu trop de gens autour de moi se détériorer. Mais on ne peut pas comparer avec aujourd'hui. La drogue, à l'époque, restait l'apanage d'un petit groupe.

QUESTION : Se droguer pour toi c'est une faiblesse, un crime?

RÉPONSE : C'est une erreur. Ce qu'il faut dire aux jeunes : surtout ne prenez rien maintenant, faites des réserves pour plus tard. Mieux vaut se droguer quand on est vieux. Prendre de la drogue quand on est jeune, c'est absurde. En revanche, quand il n'y a plus rien à espérer, pourquoi pas.

QUESTION : Ton raisonnement n'est pas moral.

RÉPONSE : Ah oui, mais il a au moins le mérite d'être logique.

QUESTION : Mais si quelqu'un proche de toi avait succombé à la drogue, quelle aurait été ton attitude?

RÉPONSE : Je ne peux pas t'en parler puisque, Dieu merci, cela n'est pas arrivé. Mais je pense qu'il faut parler, expliquer. Cela dépend du milieu, l'éducation joue un rôle très important. Un enfant, né dans un milieu privilégié, aura toujours plus de chance que celui qui voit le jour dans une H.L.M. Je pensais que beaucoup de choses allaient changer avec la gauche, mais je m'aperçois que je me suis trompée.

QUESTION : Tu es contre les privilèges?

RÉPONSE : Moyennement. Disons que je suis contre les privilèges, sauf ceux de l'esprit et de l'intelligence. Je ne suis pas pour l'égalitarisme, car quoi qu'on dise et veuille nous faire croire, le cerveau d'Einstein n'est pas égal à celui d'un zoulou.

DES ODEURS ET DES VILLES

J'aime les odeurs des villes. Chaque ville possède un parfum particulier. J'aime l'odeur de Marseille. J'aime l'odeur des villes d'Orient.

QUESTION : Tu pourrais les définir?

RÉPONSE : Non, on ne peut pas définir une odeur. Chaque pays d'Orient en possède une spécifique. L'Afrique du Nord aussi. La Tunisie n'a pas la même odeur que l'Algérie et celle de l'Algérie ne ressemble pas à l'odeur du Maroc. C'est tout à fait différent.

QUESTION : Voici peu, lorsque tu es retournée à Istanbul pour une émission de télévision, as-tu retrouvé les parfums de ton enfance?

RÉPONSE : Ah oui, immédiatement. Je dirai même

que c'est la chose que j'ai retrouvée d'abord, les odeurs.

Paris aussi a son odeur. J'aime passionnément Paris ; on me dirait : les frontières sont fermées, vous ne pourrez plus jamais voyager, impossible de quitter la capitale, cela ne me ferait rien du tout. J'aime les couleurs de Paris, tous les quartiers ont un charme. Saint-Germain, j'aime énormément. En principe, il n'y a pas un seul quartier de Paris que je déteste, sauf peut-être du côté de l'avenue Victor-Hugo, le XVIe arrondissement.

QUESTION : Et la campagne?

RÉPONSE : J'aime beaucoup la campagne. Contrairement à ce que l'on peut croire. J'aime la campagne, mais une certaine campagne ; ce que j'apprécie surtout, ce sont les paysages. De ce fait, j'aime la campagne en voiture, comme je n'aime pas tellement me fatiguer... la voiture, c'est bien. J'aime le changement des ciels.

L'AMITIÉ : UN REMÈDE CONTRE LE DÉSESPOIR

J'attache beaucoup d'importance à la valeur des mots. C'est pour cela que je parle peu d'amitié. On dit, à tort et à travers, « Mon ami un tel », « Mon amie une telle ». Alors qu'on devrait dire « Mon copain », « Ma copine ». Il ne faut pas confondre. L'amitié c'est quelque chose de rarissime. Ma définition de l'Ami, c'est quelqu'un qui vient à votre secours lorsque tout est perdu. Alors là, oui, on peut évaluer ce que signifie le mot Ami. Il m'est arrivé (rarement) d'avoir besoin d'un ami. Par exemple, dernièrement, j'ai eu l'occasion de tester l'amitié de Claude Contamine, l'ex-directeur d'Antenne 2. A l'époque, c'était TF1 qui devait tourner *Catherine de Médicis*. Il y eut mille problèmes, avant que le projet ne se retrouve aux oubliettes. Pour moi, ne pas faire *Catherine de Médicis*, c'était grave, je perdais mon crédit vis-à-vis de mes auteurs, et le travail de deux années de lutte. Devant mon désespoir, Claude Contamine m'a dit : « Écoute, pour le moment, je n'ai pas besoin de *Catherine de Médicis*. Mon budget est bouclé, mais pour toi, je vais le faire ; ne sois pas inquiète. »

Il a eu raison, *Catherine de Médicis* a été le triomphe qu'on sait. Je peux dire qu'à cet instant crucial, il a été mon sauveur. Il a fait preuve d'une réelle amitié.

QUESTION : As-tu beaucoup d'amis ?

RÉPONSE : Non, très peu, pour la bonne raison que je n'ai plus l'âge de nouvelles amitiés. Quant aux gens que j'aime, ils sont trop occupés. Les hommes ont une femme, une maîtresse, il leur reste très peu de temps pour moi. Ou alors si, un dîner par-ci, par-là. C'est pourquoi j'ai beaucoup de connaissances, mais d'amis non.

QUESTION : Penses-tu que l'amitié est un sentiment plus digne ou plus fort que l'amour ?

RÉPONSE : A un certain âge, l'amitié amoureuse est une chose formidable. Mais là aussi, c'est très dur à obtenir... Oui, très dur...

Cet *Abécédaire*, Alice Sapritch avait commencé de le composer dans les derniers mois de 1989. Elle l'avait laissé de côté pour se consacrer à son entretien avec Raoul Mille, et ne devait jamais le reprendre.

A

ACTEURS :

Je suis comédienne et comme tous les comédiens, j'ai tendance à ramener tout à moi et à changer en fonction de mes humeurs et des idées que je me suis forgées au fil des épreuves et des ans. Je suis comédienne et comme tous les comédiens, je sais la fragilité de notre métier, je sais surtout notre extrême susceptibilité et notre incorrigible naïveté. Car si la lumière nous fascine, comme tout ce qui brille, elle nous rend aussi vulnérables aux pièges d'un monde qui nous attire à lui pour mieux nous corrompre mais qui, au fond, ne nous aime pas.

ADJANI ISABELLE :

Elle se dit star et c'est une star. Elle est jeune, belle et pleine de talent. C'est aussi une femme qui sait mener rondement ses affaires. Je pense toutefois qu'elle aura les mêmes problèmes qu'Alain Delon : elle acceptera mal de vieillir. Mais qui accepte vraiment cela?

Je l'ai rencontrée lorsque j'ai tourné avec elle *Les Sœurs Brontë* dans le nord de l'Écosse. Nos rapports n'ont pas été désagréables. Nous ne nous sommes plus jamais croisées.

AFFAIRE MARIE BESNARD (L') :

Une telle « affaire » méritait bien d'être portée à l'écran. C'est à Frédéric Pottecher, le maître de la chronique judiciaire, que l'on doit ce remarquable scénario. Il avait suivi le procès et il a tout de suite su me convaincre quand il est venu me proposer le rôle. Il faut dire qu'il y avait là matière à faire rêver un comédien : un personnage énigmatique, haut en couleur, une psychologie forte, un mystère qui ne peut pas laisser indifférent. Le réalisateur n'était pas bien difficile à trouver puisque Yves-André Hubert, avec qui j'avais déjà travaillé dans *Le Cri de la Chouette*, avait immédiatement été emballé. La chose la plus éprouvante, comme d'habitude, fut de faire accepter ce projet par une chaîne. L'éternel problème de la télévision, c'est qu'il faut toujours très longtemps pour faire aboutir un projet. Entre-temps les directions changent, adoptent une nouvelle politique et tout est à recommencer! Voilà encore une émission que je peux dire « miraculée », car elle fut bel et bien sauvée, in extremis, par Hervé Bourges pour TF1. Elle a finalement obtenu dix points de plus à l'Audimat que *Champs-Élysées*, qui était programmé en même temps.

Ce fut de tous mes rôles l'un des plus passionnants. Pour la première fois j'interprétais un personnage qui avait réellement existé. Pourtant j'ai refusé de consulter la presse de l'époque et les mémoires que Marie Besnard avait publiés en 1962 pour éviter d'être influencée. J'ai préféré faire confiance à Frédéric Pottecher. Je respecte toujours le scénario. Je n'ai pas besoin de faire une enquête dans les bibliothèques. On a, bien sûr, essayé de me faire dire que je croyais à sa culpabilité, or je n'avais et je n'ai toujours pas d'opinion sur elle. On ne connaît jamais tout d'une personne normale, à plus forte raison d'une personne jugée « anormalement normale »! J'étais toutefois persuadée qu'elle avait été surtout desservie par sa forte personnalité. Les gens de cette trempe dérangent. Yves-André Hubert l'a d'ailleurs voulue très ambiguë et il avait raison. En effet, si l'on en avait fait une innocente, cela n'aurait pas eu grand intérêt et si l'on en avait fait une coupable, comment faire admettre l'acquittement? Il m'a dirigée de telle sorte que j'incarnais l'ambiguïté absolue : « Profil droit, coupable et profil gauche, innocente! » Ce furent ses mots et c'est à partir de cela que j'ai bâti ce personnage que les téléspectateurs auraient, eux, à juger. Dans la mesure où elle a été acquittée, il fallait naturellement, avant d'arriver au point final, ménager le suspens.

Pour parvenir à lui ressembler, je me suis uniquement imprégnée de photos, de films d'archives. J'ai fait de l'introspection à travers sa physionomie. J'ai tout de suite été frappée par son regard très intelligent, très inquiétant aussi, dois-je dire. Ces différents portraits m'en ont plus appris que vingt-cinq feuillets dactylographiés. J'ai refusé tout maquillage, car c'est le regard, uniquement le regard, l'intériorité qui déterminait ce rôle. Il révélait une force de caractère considérable qui lui a tout de même permis de tenir tête plus de dix ans! Tout le reste m'apparaissait accessoire. Quand j'ai revêtu le fameux imperméable noir et son châle, quand j'ai chaussé ses lunettes, la ressemblance était telle que j'en ai été moi-même impressionnée. C'est d'ailleurs le montage photographique de nos deux portraits, côte à côte, réalisé par un photographe de *Télé 7 jours* qui a fini par convaincre la direction de TF1.

Le tournage a été terriblement éprouvant parce qu'on est allé dans de vrais tribunaux, dans de vraies prisons à Corbeil, à Melun et à Coulommiers. J'avais l'impression de me dédoubler. A Loudun, surtout, j'ai dû affronter la schizophrénie des habitants. Ils sont huit mille et ils se divisent en deux camps. Séduits par Alice Sapritch, qu'ils accueillaient bien, ils se méfiaient de Marie Besnard. Les volets se fermaient presque. Il est vrai qu'ils l'avaient tous plus ou moins croisée, que tous confondaient ce qu'ils avaient vu, entendu ou inventé. Et ce tournage ne pouvait que raviver les tensions. Un jour un gamin m'a dit :

– Vous savez, mon grand-père, il l'a bien connue, la Marie!

– Et qu'est-ce qu'il t'en a dit, ton grand-père?

– Eh ben, qu'il savait pas quoi dire.

Elle reste un personnage très controversé et chargé de spectres et de fantasmes. Pendant les extérieurs, je n'osais pas trop me promener seule, on m'accompagnait partout, et cela eut pour effet d'accentuer encore la pesanteur du personnage.

Pour les scènes de prison, j'ai vu de vrais criminels, j'ai côtoyé des avocats dont je ne savais plus s'ils étaient vrais ou faux. C'était tout à fait étrange, la réalité se mêlait sans cesse à la fiction. Mais la vue des prisonniers m'a souvent bouleversée : pour eux, il n'y avait pas de confusion possible, ils vivaient la réalité. Beaucoup ont voulu des autographes, mais un seul m'a regardée d'une manière que je n'oublierai jamais. On m'a dit plus tard qu'il avait déjà purgé vingt ans de réclusion...

AGE :

Si l'âge ne me dérangeait pas il y a quelques années encore, ce n'est plus le cas aujourd'hui. Vieillir, c'est la malédiction, « la nuit tragique » : on se réveille un beau matin et on constate qu'on n'a plus trente, quarante, cinquante ans et ça fait très mal. Je ne crois pas que les liftings, aussi réussis soient-ils, changent quoi que ce soit à cette atteinte intolérable. Ce n'est d'ailleurs pas les rides que je redoute, mais la souffrance physique. On parle de « cambriolage de l'âme », eh bien, la vieillesse, c'est un « cambriolage du corps ». Qu'on le veuille ou non, la vieillesse conduit à la décrépitude. On ne peut pas s'en foutre. Si ce n'était qu'une blessure narcissique, ce ne serait rien. Le plus grave c'est qu'avec l'âge on perd de son énergie, de sa force. On ne peut plus se donner totalement aux choses et puis on se demande toujours de quel temps on dispose encore pour aller au bout de ses projets. Les jeunes ne savent pas qu'ils vivent un moment exceptionnel qu'ils ne retrouveront jamais. Mais peut-être est-ce mieux ainsi : à chaque âge ses servitudes.

AMIS :

On a tendance à confondre les relations, les amis et les copains. Or, les amis, c'est rare, on les compte sur les doigts de la main, ce sont seulement ceux qui résistent aux moments difficiles. Un ami, c'est quelqu'un qui prend votre place quand vous êtes en danger, que vous pouvez appeler à toute heure du jour et de la nuit. Jean-Louis Bory faisait partie de ceux-là.

Je dois avouer qu'il m'est plus difficile de me lier d'amitié avec une femme, à moins qu'elle ne soit réellement exceptionnelle et indépendante, qu'elle ne vive pas en couple, surtout. Je ne supporte pas d'avoir en face de moi quelqu'un qui a perdu son identité à cause de l'homme de sa vie.

L'amitié véritable repose sur l'échange, c'est pourquoi je sais qu'on ne peut pas la trouver dans ma sphère professionnelle, où chacun est trop prompt à préserver jalousement ce qu'il a. Les relations qu'on y noue sont, au mieux, de l'ordre du copinage et elles cessent à la moindre rivalité. On vous y renvoie rarement l'ascenseur, quand on ne vous enfonce pas ! J'ai pourtant constaté que ces « copains » éphémères finissent par avoir des revers et je sais par expérience qu'on retrouve toujours quelqu'un qui vous fait une crasse...

Seuls les êtres authentiques, qui ne cherchent pas à paraître, me touchent. Plus vigilante qu'autrefois, je trie mes amis sur le volet. J'ai fait trop de concessions qui m'ont coûté cher. A présent, c'est fini, il me reste trop peu de temps.

AMOUR :

Je ne suis pas Diane chasseresse, il faut m'aimer d'abord et l'amour pour moi ne rime qu'avec passion. Aimer, c'est tout risquer pour l'autre, c'est perdre pied jusqu'à se noyer. J'ai longtemps cherché l'homme qui m'apporterait cet absolu, qui renoncerait à tout pour moi, moi seule. Hanoteau l'a fait et il est devenu mon héros. Il m'a d'ailleurs avoué un jour : « Tu voulais que je devienne fou, eh bien, tu peux être satisfaite, je le suis ! » Avec le recul, je m'aperçois que c'était aussi une façon de se décharger sur moi de sa propre folie. Mais hélas – et c'est là ma faiblesse, – il suffit qu'un être accomplisse un geste exceptionnel envers moi pour que je le prenne en charge.

N'attendez pas que je vous donne la liste de mes amants : aucun ne fut célèbre et la presse à scandales en sera pour ses frais. Et à présent, je préfère la solitude parce que, refusant les minables et les médiocres, je sais les hommes intelligents de ma génération déjà pris. Soyons lucides, la passion ne se rencontre que dans la jeunesse. A de rares exceptions près, la vieillesse la raréfie ou en émousse la fougue et la pétulance.

ARGENT :

Dire que « l'argent ne fait pas le bonheur » me fait rire, c'est naturellement une phrase pour calmer les pauvres ! Je proclame, quant à moi, qu'il fait mon bonheur et que j'aime ce qu'il me procure. Ne pas avoir d'argent, c'est perdre sa liberté, c'est la porte ouverte à toutes les humiliations. Je peux très bien vivre d'un paquet de cacahuètes, à condition de pouvoir m'offrir une tartine de caviar.

Les gens qui crachent sur l'argent, les comédiens qui dédaignent les cachets me font également rire, et d'ailleurs je m'en méfie. Vivre de théâtre et d'eau fraîche, pourquoi pas? C'est une autre forme d'histoire d'amour, mais c'est faux, complètement faux. Si on ne vous paie pas, si bon comédien que vous soyez, vous restez un amateur, vous bricolez! C'est seulement quand vous commencez à vous faire payer que vous devenez un artiste. Je n'ai pas peur des mots : il faut rendre son talent monnayable, car c'est seulement à ce moment-là qu'on vous prend au sérieux. Quand je dis cela, on m'accuse de jouer les stars, alors que j'affirme simplement ce que je pense. Ce n'est pas du cynisme, tout au plus un peu de saine brutalité dans la franchise.

ARGOT :

L'usage systématique de l'argot me déplaît. Ce n'est pas facile à manier avec élégance. L'utiliser comme Pierre Perret le fait actuellement dans sa pub à la télévision, c'est autre chose, c'est de la poésie.

ART (L') :

J'ai toujours su que l'art était plus qu'un métier. C'est un véritable sacerdoce, un état de grâce, une façon d'être et de se tenir et qui fait que les artistes sont différents des autres. Marginaux, ils le sont par essence, piégés qu'ils sont par leur imagination, par leur regard autre et par la nécessité où ils se trouvent de faire constamment preuve de rigueur. Qu'ils le veuillent ou non, ils sont voués à la solitude et à la fragilité, car lorsqu'ils sortent de leur isolement, c'est pour entrer dans la foule. Ce métier s'apparente à la tauromachie : l'artiste est seul dans l'arène et il lui faut lutter à sa manière pour échapper à la mise à mort.

L'enjeu est grave ; c'est la raison pour laquelle je n'accepte que les critiques des professionnels, et je refuse d'écouter les leçons des prétendus « amis » : je ne veux pas que mon mur soit lézardé par un entourage hostile. Je suis hypersensible, je sens trop les choses au quart de tour, même lorsqu'on reste muet. Les regards d'envie, de jalousie, de méchanceté ne m'échappent jamais.

ARTISTE MÉDIATIQUE :

Les artistes médiatiques se trouvent victimes d'un décalage regrettable : on les traite toujours avec une excessive familiarité parce qu'ils pénètrent « par effraction » dans les foyers. Je suis naturellement très heureuse quand on me reconnaît dans la rue et qu'on me manifeste de la sympathie, mais le drame c'est que généralement, on ne s'en tient pas là. On veut à toute force me confondre avec mes rôles. Comment ne pas comprendre que je n'ai pourtant aucune envie de vivre dans le quotidien ce que je joue à la scène ou à l'écran! N'ai-je pas droit à une existence privée? Face aux médias, le sort des artistes est comparable à celui des hommes politiques : il leur faut gagner un public et le garder et leurs apparitions sont toujours, hélas, des représentations.

ARTS-DRAMAS :

Avant la télévision, j'ai fait, si l'on peut dire, une carrière buissonnière, totalement en marge. J'ai longtemps interprété, dans des salles comme l'Alliance française et le petit théâtre de la Huchette, des petits sketches de comédie, comparables à ceux de nos cafés-théâtres actuels, qu'on appelait des « arts-dramas ». On était loin de jouer à guichet fermé, mais j'y ai rencontré des metteurs en scène inventifs qui m'ont confirmée dans ma vocation burlesque.

AUDIMAT :

Je sais que j'ai crevé les plafonds au moment du passage de *Catherine de Médicis* et même dépassé de quelques points le taux d'écoute de TF1, qui avait pourtant programmé à la même heure le film de Luc Besson, *Subway*, avec Isabelle Adjani, Richard Bohringer, Michel Galabru et Christophe Lambert. Mais je dois avouer que je n'ai jamais rencontré de gens qui possèdent cette précieuse petite boîte sur laquelle les marchands de pubs et les directeurs de chaîne ont l'œil rivé... Ce record d'audience a sans doute fait tilt dans leur tête, cela ne m'a, malheureusement, pas valu la moindre proposition !

AVALEURS DE VENT :

Je fuis ceux que j'ai toujours appelés « les avaleurs de vent », ceux qui ouvrent la bouche pour ne rien dire et avec qui le dialogue est impossible. Si je les écoute parfois, quand je ne peux pas les éviter, c'est parce que je me sers de tout ce que j'entends, de tout ce que je vois, y compris chez les cons ; même si les cons sont toujours de sales cons. Rien n'est inutile.

AVARICE :

Il y a deux sortes d'avarice : celle du cœur et celle de l'argent. Elles m'apparaissent aussi détestables l'une que l'autre. Les harpagons pathétiques pullulent dans notre profession. Combien de camarades vous proposent-ils de vous faire profiter de leurs relations ? Vous mettre en contact avec des gens qui pourraient vous être également utiles les déchire. C'est là, plus qu'ailleurs, le règne du « chacun pour soi ».

AVOCAT :

Une plaidoirie d'avocat d'assises ressemble à une prestation d'acteur. La seule différence, c'est qu'au tribunal, le verdict n'est pas fictif. J'ai eu l'occasion d'assister, à Blois, il y a quelques années, au célèbre procès d'Algarron et de Denise Labbé, qui étaient défendus par les deux grands ténors du barreau de l'époque, Maîtres Floriot et Maurice Garçon. La salle, composée de Madame Simone, d'un nombre impressionnant de vedettes du spectacle et des plus grands journalistes, dont mes amis Jean Farran et Louis Pauwels, ressemblait tout à fait à une grande générale parisienne. Quand j'ai vu l'arrogance des inculpés face aux jurés, composés pour l'essentiel d'anciens combattants, d'emblée hostiles, j'ai tout de suite compris que la partie serait difficile, d'autant que la salle elle-même était houleuse. Et j'avais raison, la condamnation est tombée implacable et d'une sévérité excessive parce que les avocats, impressionnés par le public, avaient mal plaidé ce jour-là. Comme des acteurs qui ne parviennent pas à dominer leur salle, ils avaient, eux aussi, raté leur générale.

AVIS DE RECHERCHE :

J'ai accepté un second *Avis de recherche* l'année dernière, parce que le premier avait été décevant et à condition que Sabatier ne remonte pas aux calendes grecques... J'ai ainsi retrouvé avec plaisir Pierre Cardinal et l'équipe de tournage de *Vipère au poing*, et surtout Juliette Gréco et la faune qui hantait comme moi ce Saint-Germain-des-Prés des années 50-60, dont elle continue d'être le merveilleux emblème. Ce plateau m'a valu la rencontre surprise du nouveau Gainsbourg, garanti sans alcool ni tabac, que je ne connaissais pas. Comme je peux, quant à moi, me saouler d'un verre d'eau, j'ai fait un happening avec Mourousi en dansant un paso doble endiablé.

Patrick Sabatier est un excellent professionnel. Il fait partie de ce peloton de jeunes loups qui sait montrer les dents. On ne peut pas le lui reprocher, c'est une preuve de lucidité, mais c'est un garçon très cavalier, qui quitte le plateau sans même se donner la peine de vous saluer... Et un parcours, même comme le sien, peut très bien s'arrêter du jour au lendemain.

B

B. D. :

Quand Jérôme Savary est venu me demander de jouer dans *Super-Dupont*, un spectacle tiré d'une bande dessinée, j'étais horrifiée, je n'en avais jamais lu de ma vie. Pas simple, quand on a passé la soixantaine, d'assimiler ce type d'écriture visuelle ! Au début, j'étais désarçonnée, c'était du vrai chinois pour moi, mais je m'y suis mise, je n'ai pas perdu la bulle et j'ai dit O.K.

BARDOT BRIGITTE :

Qu'est-elle devenue à présent pour se faire exclusivement l'apôtre des animaux ? Elle se déclare bouleversée par le vol, le trafic et le martyre des chiens. Elle poursuit les « chercheurs-bourreaux » des laboratoires qui les « prennent comme des Kleenex, parce qu'ils ne coûtent rien, pour les utiliser et les jeter ». C'est sa croisade, à elle, et je ne veux pas entrer dans cette polémique et cela ne m'empêche pas de porter sans honte mon manteau de fourrure.

Si l'on réfléchit, les animaux ont toujours vécu au milieu de prédateurs. C'est dans l'ordre de la nature. Si j'adore les chats et n'aime pas beaucoup la viande, je dois avouer que la zoolâtrie m'apparaît parfaitement ridicule au regard des problèmes actuels des hommes. J'ai d'autres priorités, d'autant que, si l'on veut bien aller au bout de ses convictions, il faudrait aussi penser à la souffrance des plantes et des fleurs coupées... Il est plus utile, à mon sens, de déployer son énergie ailleurs. Comment, en effet, supporter que des gens lèguent leur fortune à des cimetières de chiens, quand on sait qu'il y a tant de déshérités et d'enfants qui crèvent de faim dans le monde? L'excès en tout me choque. Je pense que Brigitte Bardot en fait trop et aussi légitimes que soient ses convictions, elle verse parfois dans le carnavalesque.

BAZIN HERVÉ :

C'est un gars intelligent, qui n'arrête pas de parler de sa mère, avec laquelle il a toujours entretenu des rapports de haine et d'amour tout à fait surprenants. Il ne peut d'ailleurs pas faire une phrase sans la nommer. Sur le plateau de *Vipère au poing*, il n'a pas pu s'empêcher de me dire : « Tu sais, je ne peux pas rester, tu ressembles trop à ma mère! » Et je crois que c'est vrai. Il a tout de même été satisfait du film et de son succès. Il faut dire que le scénario de Bory était exemplaire. Nous nous sommes, depuis, rencontrés au hasard de quelques dîners, et nous avons conservé d'excellents rapports de sympathie.

On m'a souvent dit à propos de Folcoche : « Vous étiez admirable dans un personnage abominable. » Cela me paraît une mauvaise analyse. Cette mégère a le mérite de la franchise absolue et n'a pas, reconnaissons-le, des enfants particulièrement sympathiques avec elle... La force du roman tient dans ce mouvement de balancier. J'ai voulu émousser sa prétendue cruauté, car son entomologiste de mari, égoïste et peu glorieux, est à mes yeux plus abominable encore. Et puis, elle a infiniment plus de caractère que lui, qui ne réagit jamais. Si Folcoche existe quelque part dans la réalité, c'est merveilleux, car voilà quelqu'un qui dit tout haut ce que les autres pensent tout bas ! C'est une preuve de courage que j'apprécie beaucoup.

BEAUTÉ :

La beauté physique est comme une malédiction. Il est aussi difficile d'être très beau que très laid. Beauté et laideur enferment dans la même prison. Le monde où nous vivons nous interdit de changer : il nous impose de nous en tenir stupidement à une image, celle que le public nous donne une fois pour toutes. Or, quelle chose terrible que d'être contraint de ne pas évoluer. Et puis la beauté est tellement éphémère... Seule l'intelligence renouvelle et enrichit.

BÉBÊTE SHOW :

J'adore cette émission : c'est drôle, impertinent, agressif, plein d'humour. Je trouve très rassurant qu'une télévision d'État puisse faire ça. Mais pourquoi les réalisateurs se mettent-ils actuellement en scène avec les marionnettes? Elles me paraissent amplement se suffire à elles-mêmes!

BECKETT SAMUEL :

Je l'ai rencontré une seule fois pour lui demander les droits de *Tous ceux qui tombent*. C'était un personnage curieux, discret, impénétrable et d'une classe étonnante. Sa notoriété se limitait alors au cercle fermé des Éditions de Minuit : Jérôme Lindon, Robert Pinget et tutti quanti... Il habitait à l'époque dans un appartement modeste en face de la prison de la Santé, d'où l'on entendait de façon hallucinante les hurlements des prisonniers. Mais l'avait-il seulement remarqué? Sa pièce m'avait été communiquée par un ami commun, Georges Belmont, qui m'avait dit : « Toi qui cherches quelque chose d'exceptionnel, lis donc ceci! » J'ai dévoré le texte en une nuit, c'était vraiment une merveille qui oscille sans cesse entre le réel et l'imaginaire. J'ai naturellement tout de suite voulu en proposer l'adaptation. J'en ai d'abord parlé à Albert Ollivier, qui trouvait le projet très intéressant. Pourtant c'est une pièce noire, très noire, l'histoire d'un homme et d'une femme qui ont marié leurs infirmités, leur souffrance, leur ennui. Lui est aveugle, elle, douloureusement obèse. Durant toute la pièce, ils avancent péniblement sur une route, échangeant des propos désespérants, sans savoir même d'où ils viennent, ni où ils vont.

Beckett, qui ne savait pas ce qu'était la télévision, se montra d'abord réticent. D'autant, je dois dire, que Lindon, blessé dans sa vanité d'éditeur élitiste, lui avait conseillé de refuser. L'adaptation intelligente d'un tel texte n'étant possible, selon lui, qu'à la radio. Il est vrai qu'il se prenait un peu pour Beckett lui-même... C'est finalement grâce à l'intervention de Georges Belmont que les droits ont fini par être accordés. Mais les difficultés ne faisaient que commencer, le directeur de la chaîne ayant estimé, pour sa part, que c'était de la pure folie de vouloir réaliser un téléfilm sur un couple aussi larvaire et sinistre. Quand on parvint enfin à le convaincre, il fallut encore essuyer la démission successive de quatre « grands » réalisateurs dont je tairai le nom. Même si, à l'époque, la télévision rimait avec invention, les choses n'étaient pas très faciles non plus. Je ne me suis cependant pas découragée et j'ai continué à chercher la perle pendant neuf mois, jusqu'à ce que je rencontre Michel Mitrani, qui était alors inconnu, mais dont j'avais remarqué le talent dans un récent reportage sur le Mexique et qui accepta de prendre le risque.

Et il eut raison, car il a fait la preuve qu'on peut réaliser un chef-d'œuvre en dix-neuf jours et avec un très petit budget.

J'avais pour partenaire Guy Tréjan. Mon rôle avait ceci de difficile que Mrs Rooney devait peser quelque cent dix kilos, alors qu'à l'époque, je devais en faire quarante-six de moins... Ce n'était certes pas en enfilant trente-six pull-overs et cinq manteaux que je pouvais résoudre le problème, car chacun sait que les obèses ont une démarche très particulière. J'ai cherché la solution pendant des semaines. Je ne l'ai trouvée qu'au dernier moment, et tout à fait par hasard, un jour où je me promenais avec Mitrani. Je portais un imperméable assez ample, comme on les faisait à ce moment-là, et j'ai soudain pensé qu'il me fallait le transformer en montgolfière, mais une montgolfière qui pèserait son poids et rendrait ma démarche à la fois pesante et douloureuse. J'ai aussitôt demandé à Mitrani de me regarder marcher, parce que j'étais certaine d'avoir enfin trouvé le « timing », et comme par miracle, cette pesanteur que je voulais, je l'ai tellement soudain ressentie, que je ne pouvais plus marcher qu'en me dandinant avec cette souffrance extrême qui était celle de Mrs Rooney. Il a tellement été emballé qu'il a commencé son film avec un gros plan sur mes chaussures.

Tous ceux qui tombent a été un triomphe. Je n'ai malheureusement jamais su si cette réalisation avait plu à Beckett. En tout cas, elle avait fait tilt, dans l'esprit de Madeleine Renaud, que je revois encore sur les marches de l'Odéon, me déclarant sur un ton faussement acidulé : « Dis donc, t'as fait une émission sur un auteur qui est très bien, et ça a eu du succès ! » Curieusement, c'est peu de temps après que l'idée lui est venue de monter : *Oh ! les beaux jours !* S'en souvient-elle seulement ?

BESOIN D'ÊTRE AIMÉE :

Les artistes ont en commun le « complexe de Mozart », ce besoin irrépressible d'être aimé. Je n'y échappe pas et je dirais que c'est un besoin physique. D'ailleurs, pour travailler, bien travailler, j'ai toujours besoin d'une atmosphère de confiance, d'une « zone d'amour » qui me fait toujours inviter sur un plateau quantité de copains. Mais, sans que je comprenne pourquoi, j'arrive très souvent à l'effet inverse de celui que je recherchais. Indirectement, on ne me pardonne pas cette initiative et l'atmosphère tourne vite à l'aigreur.

Je constate que d'autres y parviennent pourtant très bien. Belmondo, par exemple, en a fait récemment la preuve dans l'*Avis de recherche* qui lui a été consacré. C'était un régal, on le voyait vivre en toute complicité avec ses copains. Une telle entente m'a laissée rêveuse, car je me suis demandé si cette connivence était seulement due à sa personnalité d'acteur éminemment sympathique ou au fait qu'on avait affaire ici à des amitiés masculines. Les rapports entre hommes sont souvent plus simples et plus directs.

BIRKIN JANE :

Avec son air d'éternelle petite fille, traînant son panier avec sa poupée dedans, avec ses cheveux qui lui tombent sur le visage, Birkin aurait tout pour me déplaire, mais allez savoir pourquoi je l'aime bien ? Elle est l'une des rares à être à la fois authentique, généreuse et bourrée de talent.

BISTROTS :

Quand je ne suis pas occupée, j'ai un besoin vital de flâner, de réfléchir, de rêver et ce que j'aime par-dessus tout, c'est m'attabler dans un de mes bistrots préférés. Oui, j'aime *Le Flore* et j'y vais depuis l'âge de seize ans non pas, comme de mauvais esprits pourraient le croire, pour exhiber ma célébrité, ou parce que j'ai un penchant pour l'alcool, car je peux le dire sans forfanterie, je n'aime ni boire ni me montrer. En revanche, j'aime me saouler de gens, j'aime poser sur eux un « regard flottant », comme on parle d' « écoute flottante ». Je suis une voyeuse invétérée. Tout m'intéresse et j'enregistre pêle-mêle toutes sortes d'impressions pour y puiser ma substance, comme une abeille qui va de fleur en fleur.

J'ai croisé les plus grands noms de la littérature dans les bistrots, mais mon caractère insoumis a fait que j'ai toujours dédaigné les clans qui s'y formaient autrefois. D'ailleurs, je n'ai jamais tiré profit des personnalités que j'y croisais, car le charme essentiel de ces lieux réside justement pour moi dans le fait que les rencontres y sont et doivent y demeurer essentiellement fugitives.

BOÎTE :

Il faut bien se dire une chose : tout finit dans la petite boîte avec des poignées de fer ou d'argent. Les grands y passent comme les autres. C'est la seule certitude.

BONHEUR :

Je ne sais pas si je suis douée pour le bonheur, mais je pratique la méthode Coué et je m'astreins chaque matin à une gymnastique mentale qui consiste à me préparer des masques, à me cuirasser et à éliminer tout ce qui pourrait m'empêcher d'être heureuse.

BORY JEAN-LOUIS :

Bory était mon collaborateur, mon ami et mon frère. Je crois l'avoir très bien connu. J'aimais bien son côté trapu, sa tête bien carrée sur les épaules et ses yeux vert olive pétillants d'intelligence. Son intuition des êtres et des choses était immédiate. Il n'était pas de ceux qu'on peut abuser longtemps : trois mots lui suffisaient pour cerner une personnalité et il ne se trompait jamais. Il avait une faconde presque méridionale et ne cessait de s'agiter en donnant des conseils aux jeunes qui l'entouraient. C'était un contestataire-né, l'archétype même de l'intellectuel de gauche; toutefois, j'étais loin de partager toujours ses convictions et ses visions idylliques, mais je le prenais tel qu'il était.

Bory était aussi un être bourré de contradictions. S'il savait se montrer féroce avec ses adversaires et défendre ses opinions avec une maîtrise rarement égalée, il avait également un besoin excessif et constant d'être aimé. Pudique quant à son homosexualité, il se montrait en toutes circonstances d'une délicatesse extrême. Sa gaieté communicative, qui était notre bonheur à tous, était en réalité un masque pour cacher son profond désarroi. Cela, je l'ai malheureusement compris trop tard, comme beaucoup de ses amis, et j'ai du mal à ne pas en éprouver encore du remords.

Sa gentillesse à mon égard était constante. Il y avait entre nous une telle connivence, qu'il savait toujours ce que j'aimais ou ce qui m'insupportait. On avait la même passion des errances dans les bistrots. Et puis en voilà un qui a su admirablement me tempérer dans mes excès. Il avait ce côté florentin qui sait habilement et gentiment négocier. Je lui faisais totalement confiance et quand je voyais un éclair de désapprobation dans ses yeux, je mettais une sourdine et tentais d'arrondir les angles, ce qui n'est pas vraiment dans mon tempérament. Je passais souvent des week-ends dans sa maison de Méréville, près d'Étampes. C'était un endroit irremplaçable, plein de livres et de musique. On y rencontrait des gens toujours passionnants, et toutes proportions gardées, ces moments rares pouvaient faire songer aux soirées de Médan chez Zola. Avec lui, on avait le bonheur d'avoir une bibliothèque ambulante et vivante. Son érudition était immense et ma culture lui doit beaucoup. S'il avait une prédilection pour Balzac et Eugène Sue, il connaissait aussi toute la littérature du XIXe siècle. C'est d'ailleurs lui qui m'a fait les plus belles adaptations. Il savait admirablement « marier » la langue au récit, une qualité rare de nos jours et pourtant essentielle. Quelle que fût la noirceur des personnages qu'il écrivait pour moi, je lui demandais chaque fois qu'il m'accordât au moins la grâce de cinq minutes d'acquittement ! Il l'a fait pour *La cousine Bette* et pour la Folcoche de *Vipère au poing*, qui apparaît infiniment moins odieuse, dans son scénario, que dans le roman de Bazin.

Jean-Louis était issu de la petite bourgeoisie. Sa mère, une femme à la personnalité très forte, avait été institutrice. Il la respectait et l'aimait par-dessus tout, s'écartant même de la vie parisienne pour passer les fins de semaine avec elle. Quand elle est morte, tout a basculé pour lui et je crois qu'il ne s'en est jamais vraiment remis.

J'ai connu le drame sentimental qui a miné sa vie. C'est une affaire privée sur laquelle je ne veux pas m'étendre. Je trouve toutefois navrant de constater qu'on se tue souvent pour une boîte d'allumettes... Lorsqu'il est tombé longuement malade et qu'il a été hospitalisé, j'allais régulièrement le voir : il ne dormait plus, n'avait plus la force de lutter et ne supportait plus son état. Il a fait preuve de courage en se suicidant. Il a eu un destin semblable à celui d'Hemingway.

J'aimais tendrement mon Bory et il me manque. L'année 78 est pour moi à jamais marquée d'une croix. Je ne suis cependant pas allée le voir sur son lit de mort et on me l'a reproché, mais je n'avais pas besoin de cela pour penser à lui et porter son deuil. Cette souffrance-là est solitaire. Je ne me suis pas non plus, quelques années plus tard, rendue à sa commémoration : je ne suis pas un porte-drapeau et je déteste les manifestations qui ne servent à rien.

BOUDARD ALPHONSE :

Je le connais peu, mais je lui trouve beaucoup de talent et d'humour. Il a trouvé un ton rare et juste qui a même encanaillé les pantouflards, le cul bien au chaud dans leurs fauteuils... J'aurais bien voulu qu'il écrivît un rôle comique pour moi, mais il n'a pas donné suite. Je n'attends plus parce que je crois que l'essentiel, Boudard l'a dorénavant derrière lui. Il m'apparaît même sur un autre versant, à la recherche, lui aussi, du confort et d'un abri.

BOUVARD PHILIPPE :

Bouvard est l'être le plus contradictoire que je connaisse. Il est toujours en train de se foutre de votre gueule, d'avoir envie de vous gifler d'une main et de vous caresser de l'autre. C'est à la fois touchant et agaçant et je comprends très bien qu'on puisse le détester. Nous avons contracté une sorte de mariage d'enfer qui n'est pas de tout repos, mais nos prestations publiques sont finalement un jeu qui m'amuse et puis, moi, j'ai le mode d'emploi du bonhomme! Je crois même que je lui fais un peu peur. Nous nous voyons peu en dehors de nos périodes de travail, mais sans trop m'aventurer, je pense que si je lui demandais un service, il me le rendrait.

Bouvard fait partie de ces gens qui reçoivent toujours très bien. Il faut dire qu'il a la chance d'avoir une femme qui possède de remarquables qualités d'hôtesse. Un jour, aux *Grosses Têtes*, j'ai eu le malheur de dire qu'il poussait le comble du chic jusqu'à garer sa Rolls et sa Ferrari côte à côte dans le parc de sa superbe maison de Cannes... A la fin de l'émission, ivre de rage, il s'est précipité sur moi pour me prendre à part et m'engueuler comme du poisson pourri en me menaçant même de ne plus jamais m'inviter : « Tu ne te rends pas compte, c'est insensé de raconter des conneries pareilles ! Comment peux-tu avoir le culot de dire publiquement que j'ai deux bagnoles de ce genre alors que la plupart des gens ne gagnent que 5 000 francs par mois ! » J'ai trouvé son comportement parfaitement infantile et ridicule et n'ai rien répondu. Avec lui, il faut attendre que la tempête se calme. Huit jours après, *Télé 7 jours* publiait une photo de lui devant sa piscine et rapportait que le fin du fin, pour Philippe Bouvard, c'était d'aller chercher sa Rolls au garage avec sa Ferrari...

BRASSEUR PIERRE :

J'ai vécu avec Pierre Brasseur pendant deux ans, juste après la guerre. Je ne vois pas très bien comment j'aurais pu faire autrement puisqu'il s'était tout bonnement, et sans me le demander, installé chez moi, 13, rue de Verneuil, pour vivre avec Lina Casadesus, dont il était tombé amoureux et que j'hébergeais amicalement depuis quelque temps. Hanoteau, qui avait vu en lui le pourvoyeur inépuisable de sa cave, ne fut pas tout à fait étranger à cette intrusion. Pour être sûr de son fait, et probablement par crainte de mes réactions, il avait pris la précaution de l'introduire en catimini durant l'une de mes tournées en Allemagne, mais m'avait gentiment prévenue par téléphone : « Tu verras, j'ai une surprise pour toi ! » En effet, pour une surprise c'en fut une, car lorsque je suis revenue, Brasseur avait déjà bien festoyé et investi le territoire, à commencer l'une des salles de bain dont la baignoire était jonchée de bouteilles de champagne vides... Les derniers temps, il était d'ailleurs complètement chez lui : notre chambre était la sienne, il nous accordait encore le boudoir... il faut dire que, comme il nous savait désargentés, il guignait l'appartement. Mais on ne m'a pas de guerre lasse. J'ai lutté pied à pied, multiplié les tournées, et il ne l'a jamais eu!

Brasseur était un être très curieux, qui avait un talent exceptionnel et une prodigieuse personnalité, mais c'était un dragueur et un noceur impénitent. Or, comme je ne bois pas et que la vue des alcooliques me répugne, je n'étais évidemment pas intéressante pour lui. Je ne peux pas dire que notre cohabitation se soit terminée dans la joie. Il est d'ailleurs parti en claquant la porte et il ne lui est, bien sûr, jamais venu à l'idée, par la suite, de me tendre la main...

BRETON ANDRÉ :

J'ai eu l'occasion de le rencontrer à mon arrivée à Paris, car on m'avait donné une lettre de recommandation pour lui. Je n'ignorais pas qu'il fût grand poète et quelle place il tenait dans le mouvement surréaliste. Il se réunissait alors avec ses émules, rue de Seine, chez Duncan. L'endroit ne m'a pas du tout impressionnée, il m'est même apparu grotesque et je n'ai absolument pas éprouvé de choc en voyant tout ce monde. J'étais jeune, pas mûre pour une telle rencontre, il m'arrive de le regretter. Et puis j'avais d'autres soucis en tête puisque je venais lui demander de m'aider à chercher un toit.

BRIALY JEAN-CLAUDE :

Les soirées de Jean-Claude sont toujours parfaites : il sait faire une salle comme personne, c'est un démiurge dans ce domaine. Récemment, il m'a invitée à l'une de ces fêtes à *L'Orangerie*, son merveilleux restaurant de l'île Saint-Louis, où il avait convié ce « Tout-Paris » de qualité qui avait envie de se rencontrer. Il aime à collectionner les grands noms et il avait fait en sorte, comme d'habitude, que tous les corps de métier soient représentés, mais ce soir-là, deux vedettes se sont désistées, et mon Brialy s'en est trouvé terriblement froissé. C'est curieux, il lui faut toutes les stars autour de lui, c'est tout juste s'il ne loue pas un charter pour faire venir Hollywood au complet !

Si les grands noms ne me fascinent personnellement pas, j'ai beaucoup de points communs avec Jean-Claude et je nous considère comme jumeaux sur bien des plans. C'est un merveilleux acteur, actif, inventif, qui ne peut pas laisser indifférent. Sa dernière pièce, *L'illusionniste* de Sacha Guitry, est une nouvelle réussite. J'éprouve une grande tendresse pour lui. Il faut dire qu'il a un tel charme, une telle faconde, une telle gentillesse et qu'il aime le luxe avec tant d'élégance! Jamais, en effet, vous ne trouverez chez lui la moindre trace de vulgarité. Son nouvel appartement, décoré comme tous les autres par son ami Michel Van Leempoel, est un véritable enchantement. Il se trouve quai Bourbon, dans un immeuble sobre du XVIIe siècle. C'est un endroit chaleureux et calme où il aime à se retrouver. Mais cela ne l'empêche pas de continuer de rêver à un appartement qui donnerait sur les jardins du Palais-Royal.

BURLESQUE :

Le burlesque, c'est la tragi-comédie, un mélange ambigu qui me paraît être l'essence même de la vie. Si je peux faire pleurer et rire, tout à la fois, c'est parce que j'ai toujours été à mi-chemin de la détresse et de la joie. Ce genre, je l'ai découvert lorsque je vivais à l'*Hôtel Saint-Yves*, rue de l'Université, pendant l'Occupation, quand le patron, Yves Le Troquer, précurseur sans le savoir des vedettes de *L'Alcazar*, rêvait de faire du théâtre en nous interprétant certains soirs une Agrippine de sa façon. Il jouait, outrageusement maquillé, et avec une telle conviction qu'il nous arrivait d'en rire aux larmes. Je n'oublierai jamais. Je suis d'ailleurs persuadée que le burlesque sera aussi la « conclusion de ma vie ».

C

CAMÉRA INVISIBLE :

Une émission comme *La caméra invisible* est très prisée. C'est un jeu. Mais d'une façon générale, je n'aime pas beaucoup qu'on utilise le public pour le tourner en ridicule. Je déteste ces interviews dans la rue, dont sont friands certains journaux télévisés. On accule les gens à porter un jugement nécessairement superficiel qui fausse les problèmes. Sans préparation, n'importe qui avance des banalités. Et je me demande à quoi cela peut servir de demander au premier venu ce qu'il pense de la mort d'Horowitz ou d'Ava Gardner ?

CAMUS ALBERT :

Camus représentait l'image idéale de l'intellectuel de gauche, intelligent, charmeur et polémiste. Il avait aussi tout pour plaire aux femmes et je crois qu'à sa mort, hélas, prématurée, il a laissé plusieurs « veuves »... Il faisait partie du clan de Sartre et de Beauvoir au *Flore*, où il venait souvent.

Hanoteau l'a invité à dîner au début de la guerre d'Algérie. Les discussions étaient alors très vives, et ce conflit tourmentait d'autant plus Camus qu'il était originaire du pays. Il avait peur que les événements se compliquent et s'éternisent. Sa thèse était simple : ou il fallait tout arrêter, et tout de suite, ou il fallait se décider à donner sept balles à chaque Français, parce que chaque Français avait sept Arabes en face de lui. Je comprenais le dilemme, mais ne pus m'empêcher de lui lancer sans crier gare : « Et bien entendu on refuse de leur accorder ces sept balles ! » Camus a failli s'étrangler et m'a regardée consterné. Ma réflexion restait pourtant bien en deçà des horreurs qui ont suivi...

Je crois que, professionnellement, il m'estimait. Quand j'ai joué dans *L'Orestie* au théâtre de l'Odéon en 1959, il m'a fait ce compliment : « Il n'y a que deux tragédiennes en France : Marie Bell et vous. » Je garde cependant un mauvais souvenir de cette pièce, parce que je déteste les rôles qui vous obligent à porter un masque.

CARRIÈRE :

Une carrière, aussi satisfaisante soit-elle, est surtout faite de regrets. Elle est la somme de tout ce qu'on n'a pas réalisé, de ce qu'on ne peut plus faire l'âge venant. Les photos vous le rappellent douloureusement. Quand je dresse le bilan, j'ai le sentiment d'avoir été frustrée, car les rôles que j'aurais pu jouer plus jeune, je peux plus les interpréter. Une carrière, ça se fait en zigzag. Pour six mois de bonheur, on essuie des années de difficultés. Il ne faut pas se leurrer, on ne vole jamais de victoire en victoire : après les sommets, il y a toujours les failles. Un succès prépare toujours un échec. Mais je ne veux pas faire partie de ces gens qui se plaignent, il y a trop de vies difficiles.

CATHERINE DE MÉDICIS :

Tout a commencé en 1987 quand Jean Orieux m'envoya sa biographie dédicacée en ces termes : « A Alice Sapritch, en hommage d'affectueuse admiration, *Catherine de Médicis*, qu'elle incarnerait à la perfection. » Ça a fait tilt tout de suite. L'idée me séduisait d'autant qu'il la réhabilitait enfin en prenant le contrepied de la légende qu'ont pérennisée les historiens de « ce stupide XIXe siècle », qui n'ont su voir en elle qu'une femme cruelle, hypocrite et assoiffée de sang. On n'avait jamais souligné combien elle était intelligente, cultivée, habile, capable de faire preuve de courage et de tendresse, de souplesse et de pugnacité. Et puis elle avait tout de même apporté à la France, ce qui n'est pas rien, la Renaissance italienne. En réalité, on lui reprochait d'être l'étrangère – « immigrée », comme on dirait à présent –, et une étrangère qui se montrait encore plus française que les Français. Elle gouvernait de surcroît comme un homme. Henri IV dira d'elle, d'ailleurs : « C'était un grand roi »! Et elle fut, c'est vrai, un remarquable souverain durant une des périodes les plus bouleversées de l'Histoire de France.

Catherine de Médicis fait partie de ces êtres d'exception qui forcent l'admiration. A ma connaissance, aucune autre femme n'a cumulé avec autant de panache ses fonctions de chef d'État et son rôle de mère, quand on imagine toutes les difficultés que cela comporte d'avoir dix enfants à élever! On l'a dite ambitieuse, mais je ne crois pas qu'elle l'ait été pour elle-même. Son seul désir était de maintenir une France forte, de préserver le pouvoir central dans la tourmente des guerres de religion et de refuser les ingérences étrangères. Toute sa politique tient dans cette phrase historique adressée à son fils Henri III : « Il est des ennemis qu'il faut user sans les briser, afin qu'un jour ils deviennent vos amis. » Elle n'obéissait qu'à une loi, la raison d'État. Sa tragédie est justement de lui avoir tout sacrifié. Quand on a le pouvoir, il faut avoir le courage de se salir les mains. C'était aussi vrai il y a quatre siècles qu'aujourd'hui, où les services secrets se chargent de la besogne. Quand elle déclare : « Enfant, j'ai vu les reîtres ravager la Toscane », on mesure son horreur du carnage. La Saint-Barthélemy a été un monstrueux dérapage, alors qu'il s'agissait au départ de se débarrasser de quelques chefs protestants pour préserver le règne de son fils Charles IX. Elle a donc assumé la responsabilité d'un massacre qu'elle n'avait pas voulu. Son drame, c'est qu'aucun de ses enfants n'a été à la hauteur de l'héritage qu'elle voulait transmettre. Ce film raconte la fin d'une dynastie, comme on voit de nos jours dans l'industrie. Catherine de Médicis est en quelque sorte le dernier grand patron de la famille des Valois. Son étonnante modernité m'a beaucoup séduite. En l'incarnant j'ai compris, pour la première fois de ma vie, ce qu'était le pouvoir, la passion du pouvoir et surtout sa fragilité. Je me suis aperçue que les mécanismes qui font l'Histoire se perpétuent d'un siècle à l'autre.

La difficulté, comme d'habitude, a été de trouver une chaîne qui acceptât de financer ce projet. Il a fallu cette fois que je me batte près de deux ans. Pourtant TF1 m'avait d'abord fait des promesses, mais c'est finalement Claude Contamine qui, in extremis, repêcha le film pour Antenne 2. L'adaptation d'Yves-André Hubert restitue parfaitement, et sans effet superfétatoire, toute la grandeur du personnage. Tous les efforts que j'ai déployés ont été récompensés par les téléspectateurs qui lui ont rendu justice : l'audiomètre du *Figaro* enregistra, dès la première partie, un taux d'écoute de 23 % et un indice de satisfaction de 14/20, qui est monté à 16 pour la seconde. Et puis nous avons gagné un nouveau pari en apportant la preuve par neuf que le public n'est pas aussi abruti qu'on veut bien le dire et que des sujets aussi exigeants et réputés difficiles passent très bien au petit écran.

Le tournage a été une aventure fantastique. Nous avons vécu près de trois mois dans le cadre somptueux des grands châteaux de la Loire. Je n'ai pas quitté le plateau une seconde. Quand je ne tournais pas, je m'asseyais dans un coin avec ma partition, mon cendrier et j'observais. J'aime les personnages qui me sautent au cou jusqu'à l'étouffement, mais celui-ci m'a marquée plus que les autres. Il est si riche, qu'il m'a permis de jouer toutes les nuances, tout l'arc-en-ciel des sentiments humains. Pour l'interpréter, je me suis inspirée de notre président pendant sa campagne électorale. Depuis, Catherine et moi, nous sommes restées très copines. Elle ne me quitte jamais. Et quand j'ai une décision importante à prendre, avant d'agir, je me demande toujours ce qu'elle ferait en pareil cas.

CAUCHEMAR :

Enfant, j'ai fait un cauchemar qui me hante encore dans les moments de découragement : une petite fille courant en chemise de nuit, sur le quai d'une gare, pour essayer de rattraper un train. L'angoisse s'est à présent déplacée, car je sais que ce train sera aussi celui qui m'emportera pour toujours.

CAYROL JEAN :

C'est Bory qui me l'a fait rencontrer à Saint-Germain-des-Prés. Il était alors dans le cinéma, mais il n'a jamais rien voulu faire pour moi. Je lui dois cependant au moins ce mot superbe : « Tu es un arbre autour duquel il faut d'abord construire le patio et ensuite la maison »...

CE QUI ME GÊNE LE PLUS :

L'injustice, l'hypocrisie, l'abandon du savoir-vivre, la vulgarité de l'esprit, la fausse morale, les riches lorsqu'ils sont parvenus, enfin le manque d'imagination et d'ambition de la télévision.

CHALAIS FRANÇOIS :

Je l'ai parfois rencontré à l'époque où il avait le bras très long sur la critique de cinéma. Sa gueule me fascinait littéralement. Il faut dire qu'il avait une beauté rare, alliée à une intelligence exceptionnelle et une curiosité insatiable, qui faisait qu'il était toujours au fait du dernier film et du dernier spectacle à l'affiche.

CHANCEL JACQUES :

J'ai connu Chancel à l'époque où il était encore journaliste à *Paris-Midi*. Nous étions alors très copains, mais quand il a commencé à devenir célèbre avec *Radioscopie*, il n'a jamais songé à m'inviter et ne m'a plus donné signe de vie. Un jour j'eus cependant la surprise de recevoir un coup de téléphone de son assistant, m'annonçant qu'il voulait me consacrer une émission et qu'il souhaitait au préalable déjeuner avec moi pour régler des points de détail. Nous avions rendez-vous dans un restaurant près de la Maison de la Radio, un vendredi à 13 heures. Comme je suis très stricte quant à la ponctualité, à l'heure pile j'y étais. Chancel n'était pas encore arrivé. J'ai attendu dix minutes, vingt minutes et au bout d'une demi-heure, j'ai appelé le maître d'hôtel pour lui dire que je rentrais chez moi et que si d'aventure mon hôte arrivait, il pouvait m'y appeler. A 16 heures, je recevais, en effet, un coup de fil de son assistant qui me priait de bien vouloir excuser ce fâcheux contretemps, Chancel ayant été contraint de prendre l'avion pour New York à la dernière minute, mais que, bien évidemment, il se mettrait en contact avec moi dès son retour. Le lendemain, j'eus la surprise de recevoir quatre douzaines de roses superbes accompagnées d'un mot charmant pour me faire avaler gentiment la pilule.

La semaine suivante, je téléphonai à mon tour à Chancel pour le remercier de son bouquet. C'est alors que j'appris que j'étais la dernière victime du canular d'un type qui se faisait passer pour lui depuis quelque temps. Il procédait toujours de la même manière et lui envoyait naturellement les notes du fleuriste! Cette aventure me valut l'extrême honneur d'une *Radioscopie*. Mais je pense qu'il ne faut jamais faire les choses qu'on ne souhaite pas réellement, car cette émission a été, je dois l'avouer, complètement ratée. Décidément, le feeling ne passait plus entre Chancel et moi. Nos relations en sont restées là.

CHAPIER HENRI :

Henri est un des êtres les plus délicats et délicieux que je connaisse. Nous nous sommes toujours très bien compris parce que nous faisons presque le même métier. Quand je suis allée sur son *Divan*, je lui ai totalement fait confiance et me suis surprise à lui dire des choses que je n'avoue pas facilement. Je sais qu'il me connaît bien, et depuis longtemps. Et qui a vu plus juste que lui quand il écrit : « Au-delà de son combat forcené d'artiste et de son courage dans sa vie de femme, Alice représente pour moi le triomphe de la volonté sur l'adversité du destin »?

CHARISME :

Le charisme est le don suprême. Il n'y a que deux catégories bien inégales de gens : ceux qui l'ont et ceux qui ne l'ont pas. C'est rare et ça ne s'apprend pas.

CHARME :

C'est indéfinissable, magique. C'est un fluide qui fait qu'un être, même laid, peut séduire, transporter et ravir dans tous les sens du terme.

CHAZOT JACQUES :

Avec Chazot, on a l'impression que le temps s'immobilise. Il est resté l'image même du dandy des années 50. Il est de ces gens dont on ignore le métier, mais qui font partie de ce qu'on appelle bêtement le Tout-Paris, il y virevolte avec élégance et drôlerie. Mais gare, si vous n'applaudissez pas à ses monologues, le rideau risque de ne plus se lever.

CHEF DE CHANTIER :

Cette expression, je la dois à mon ami Chapier. Elle est sortie de son *Divan* parce que je me plaignais de cumuler toujours les rôles de producteur, de scénariste et d'interprète. J'ai trop, en effet, habitué les metteurs en scène à dire : « Moteur » puis « Couper »! C'est difficile à assumer, mais comment aurais-je pu agir autrement puisque lorsque je ne prends pas le taureau par les cornes, on ne m'offre que des rôles indignes?

CHÉQUIER :

J'ai mon chéquier. J'ai mon sac. Je m'assume comme un homme!

CHIC, CHÈQUE ET CHOC :

Ce slogan, qui me poursuit encore, je l'ai trouvé en pensant à Alain Delon. Il est extrêmement rare de posséder ces trois qualités, mais il peut y avoir différentes combinaisons : on a parfois le chic, parfois le chèque, le chic et le chèque, le choc et le chic. Quand on a les trois, il faut s'inquiéter parce que le sort peut s'acharner sur vous!

CHÉREAU PATRICE :

En 1969, il m'a proposé un contrat pour jouer le rôle de la reine dans *Le Prix de la révolte au marché noir*. Comme j'avais également un engagement pour la télévision avec Jean-Louis Bory, j'ai renoncé à Chéreau. C'est Michèle Marquais, qui travaille toujours avec lui, qui m'a remplacée. Ce fut sans doute, je dois le confesser, une des deux erreurs de ma vie, et qui m'a fait m'enfermer pendant dix ans. Ma façon d'agir n'a pas été à mon avantage et j'aurais voulu la réparer car, si je n'étais pas une inconditionnelle de metteurs en scène comme Chéreau, Planchon ou Vitez, je m'intéressais aux nouvelles recherches théâtrales de l'époque. Aujourd'hui, je me juge coupable, mais c'est trop tard.

CHEVALIER SERVANT :

Je n'aime pas sortir seule dans les soirées. Comme je suis célibataire, je me fais toujours accompagner par des amis jeunes, beaux et intelligents que j'aime tendrement. Mais, de grâce, qu'on ne voit là aucune ostentation, j'ai un âge suffisamment confortable pour me le permettre. Je ne pense pas d'ailleurs que mes chevaliers servants aient l'occasion de se plaindre, car nous nous amusons beaucoup et que je leur offre à titre de monnaie d'échange toute ma protection.

CINÉMA :

Si le cinéma m'a toujours moins intéressée que la télévision, c'est pour la raison simple qu'il ne m'a jamais proposé de grands rôles. J'ai déjà dit que j'avais longtemps rêvé qu'un Bergman, un Fellini ou un Visconti vienne me chercher. Cela ne s'est pas fait et je n'en ressens aucune amertume. Je ne vais jamais frapper aux portes quand je sais qu'elles ne s'ouvriront pas. Il y a un peu plus de vingt-cinq ans, lors de la remise de mon Oscar pour *La cousine Bette*, Robert Stack, l'inoubliable interprète des *Incorruptibles*, me confiait qu'il pensait qu'en France, comme en Amérique, on finirait par supprimer la discrimination qui existe entre les acteurs de cinéma et ceux de la télévision. L'évolution n'est cependant pas tout à fait la même. Depuis quelque temps, la mode est à la réalisation de petits films, financés la plupart du temps par les chaînes de télévision, qui se situent dans un « entre-deux » regrettable, et pour lesquels on engage de grandes vedettes de cinéma qui se font payer au prix fort...

Maintenant, je n'attends plus rien du cinéma, du moins du cinéma français, car les rôles y sont infiniment moins riches que dans le cinéma allemand, par exemple. Je me sens, en effet, plus proche de réalisateurs comme Margarete von Trotta, Volker Schlöndorff ou Werner Herzog. Et puis, même si on offrait plus de matière aux comédiennes en changeant les rôles d'hommes en rôle de femmes, on se heurterait à une nouvelle mode restrictive. Car on recrute dorénavant des inconnues de plus en plus jeunes, plus propres à satisfaire le besoin de voyeurisme du metteur en scène que son désir de création proprement dit. Qu'on ne s'étonne pas, après cela, que les salles ferment les unes après les autres. Le public réclame autre chose que ces éternelles histoires de petites filles, ou de flics et de truands. Il veut s'identifier à des situations qui le renvoient à sa réalité, il vient à un spectacle et veut simplement rire ou pleurer.

CLANS :

Je n'ai jamais eu l'esprit de chapelle. J'ai toujours refusé d'être inféodée à un clan ou un parti. J'en ai pourtant rencontré beaucoup avec Hanoteau et je sais combien de gens leur doivent leur situation. Mais nous ne voulions être ni chefs de file, ni groupies, préférant ne rien devoir à personne et garder notre liberté pour picorer çà et là. Le problème des clans, c'est qu'ils sont toujours rivaux entre eux et que si vous faites partie de l'un, vous êtes exclu de l'autre. Il faut presque un visa pour y être admis. Mais avec Hanoteau, nous avons bénéficié d'une certaine tolérance parce qu'il était journaliste et que nos infidélités pouvaient être excusées par les contraintes du métier.

Nous avons bien connu le clan de Louise de Vilmorin à Verrières, la personnalité de cette femme m'ayant toujours intéressée. Elle était à la fois agaçante et attachante, mais elle avait un charme irrésistible. Je n'ai jamais compris pourquoi elle m'aimait bien, car d'une façon générale, elle détestait ses congénères. Il est vrai que je restais souvent muette comme une carpe et que je représentais l'auditeur inconditionnel qu'il fallait être! Car l'interrompre était un véritable crime de lèse-majesté qui vous faisait exclure du clan la semaine suivante. Elle donnait régulièrement, le dimanche soir, des dîners exquis où j'ai rencontré André Malraux et les plus grandes célébrités, d'Orson Wells à Marlon Brando. Mais je me fatiguais vite des histoires qu'on y racontait et n'appréciais guère l'exigence d'assiduité que la maîtresse de maison avait vis-à-vis de ses invités.

La dernière fois que je l'ai vue, elle était en compagnie d'André Malraux chez Lasserre, où je me trouvais avec Hanoteau et Dali. Elle se rua littéralement sur nous, nous injuriant presque parce que nous ne venions plus la voir. Louise de Vilmorin avait comme cela des caprices d'enfants. Comme rien ne pressait, je lui proposai de prendre date par téléphone, mais elle coupa court, nous intimant presque de venir déjeuner le dimanche suivant. Malgré ce désir frénétique de nous revoir, Hanoteau, qui savait qu'elle changeait d'avis comme de chemise, me conseilla d'appeler au préalable sa femme de chambre. Elle venait de mourir dans la nuit.

Nous avons également fréquenté l'aristocratique salon de Marie-Laure de Noailles, place des États-

Unis. Elle recevait dans les somptueux salons de son hôtel particulier une société bigarrée d'artistes, d'écrivains, de peintres et de sculpteurs. Même si tout ce monde-là devisait de la pluie et du beau temps, l'œil s'attardant sur les Greco, les Rubens ou les Fragonard accrochés aux murs, j'avais tout de suite compris que j'avais affaire à des adversaires d'une autre classe devant lesquels il fallait se taire et surtout ne pas chercher à briller. Il est inutile, comme on le dit vulgairement, de « péter plus haut que son cul », car tôt ou tard on est démasqué. Comme à la guerre, c'est une question de tactique : si vous n'avez pas le bataillon, il vaut mieux renoncer à l'attaque.

Le dernier salon que j'ai fréquenté, dans les années 74-75, est celui d'Issartel. Il venait de se marier avec Sophie Rochas. C'était un garçon intelligent et futé d'une trentaine d'années, aussi vicieux et drôle que les personnages des contes de Boccace qui menait grand train avec une bande de joyeux drilles qu'il entretenait confortablement... Ses soirées aussi fabuleuses que peu conventionnelles, rassemblaient le Tout-Paris de l'époque, de Toscan du Plantier, en passant par Rubinstein, qui donnait parfois des concerts suivis de dîners au caviar, jusqu'à Reichenbach, qui ne crachait pas sur les fêtes hors série et pleines de turpitudes. Issartel a vécu comme un feu follet. Il est mort tragiquement. A sa disparition, les fêtes ont cessé et sa charmante Sophie a épousé l'amant qu'elle avait depuis longtemps installé dans les lieux.

CLOCHARDE :

Je voudrais vivre quarante-huit heures dans la rue, sous un pont, complètement démunie, sans bagues, sans montre, comme une clocharde, pour me rendre compte comment on vit sans rien.

COCO CHANEL :

Je l'ai connue à l'époque où elle habitait *Le Ritz*. Nous avons déjeuné ensemble. C'était une femme qui avait merveilleusement réussi sa carrière, mais qui, à la fin de sa vie, s'enfermait volontairement dans le silence et la solitude. Jacques Chazot m'a rapporté une de ses phrases terribles qui résumait parfaitement sa situation : « Une femme qui n'est pas aimée est une femme morte. »

COCOONING :

Drôle cette expression américaine qui désigne le « nouveau » courant pantouflard à la mode ! Elle correspond exactement à mon désir actuel d' « embastillement » dans mon appartement.

COCTEAU JEAN :

J'aurais voulu l'aimer sans restrictions, mais cela fut impossible tant il cédait au vertige du luxe et du clinquant. Car il y avait deux êtres distincts en lui : le mondain superficiel et le précieux de la rue Montpensier, qui ne pouvait pas se passer de sa Rolls pour aller dîner, et le créateur capable tout à la fois d'écrire des choses merveilleuses, de dessiner et de filmer. Mais en dépit de son charme et de ses dons, il ne plaisait pas à tout le monde. Les Surréalistes, en particulier, le détestaient. Je me suis même fait insulter par Patrick Waldberg parce que j'avais accroché dans mon appartement les dessins qu'il m'avait offerts.

Je l'ai connu à l'occasion d'un spectacle poético-burlesque qu'il avait écrit et mis en scène à l'Alliance française. J'y interprétais le rôle éclair d'une folle qui traversait la scène, les yeux bandés, en hurlant : « La Chine aux Chinois! La Chine aux Chinois! » L'effet de surprise et de comique était tel que cela déchaînait les rires. Cocteau fut l'un des rares metteurs en scène de l'époque à penser que je réussirais. Je ne peux pas dire cependant qu'il m'ait beaucoup aidée, car en dehors du *Testament d'Orphée*, où j'apparais encore très fugitivement en gitane, il ne m'a plus jamais offert de rôles. En revanche, je lui dois d'avoir défendu mon talent au cours d'un dîner chez Hervé Mille, le directeur de *Paris Match*. C'était important parce qu'il faisait partie de ces êtres qui détiennent le pouvoir immense de faire ou de défaire les réputations. Après son intervention, on me considéra tout autrement. Les moutons avaient suivi l'oracle! Cher Jean, ce jour-là tu me mis du baume au cœur.

COLLECTION :

Je n'ai jamais eu le souci de la collection, ni de la possession. D'ailleurs, les collections me font un peu peur. Leur obsession maniaque m'apparaît morbide.

COLUCHE :

On ne dira jamais assez la dimension d'un type comme Coluche. C'est probablement notre dernier bouffon. Il m'amusait beaucoup avec ses facéties et sa façon de tout tourner en dérision, mais j'appréciais aussi sa grande générosité. Ses restaus du cœur sont une superbe invention, non seulement ils offrent à manger, mais ils nous renvoient encore, et en direct, l'image d'une misère intolérable que notre société par confort moral préfère généralement se masquer.

CONSEILS À UN DÉBUTANT :

Je ne donne jamais de conseils ni aux débutants, ni à qui que ce soit. Cela ne sert à rien. Si j'ouvrais un cours d'art dramatique, il y aurait une file d'attente sur le trottoir. Mais les professeurs sont des escrocs, car ce qu'ils enseignent ne s'apprend pas : on est artiste ou on ne l'est pas. J'ai d'ailleurs souvent l'impression, quand un jeune vient frapper à ma porte, qu'il désire, en réalité, avoir à la fois sa jeunesse et ma situation. Et quand il comprend que je ne lui céderai pas ma place, tout ce que je peux lui dire sur le métier de comédien, il ne l'écoutera pas.

CONSERVATOIRE :

Personne ne peut se faire une idée du bonheur qui fut le mien quand j'ai été reçue au concours d'entrée du Conservatoire en 1941. J'entrais, certes, dans le monde du théâtre, mais je me trouvais enfin à l'abri des expulsions. J'ai malheureusement fait mes classes dans le cours de Béatrix Dussane, avec qui je n'ai jamais réussi à m'entendre. Il faut dire que mon tempérament fantasque ne pouvait guère s'adapter à son enseignement classique. Alors, je faisais l'école buissonnière pour aller suivre, en auditrice libre, les cours de Jouvet. C'était un type fascinant, drôle, imprévisible et qui avait un sens inouï de la dérision. Là au moins, je m'amusais et j'avais l'impression de tout découvrir et de tout comprendre. C'était évidemment autre chose que les péroraisons précieuses de Dussane qui dissertait sans fin sur la façon de jouer Molière!

J'ai tout de même réussi à passer le cap de l'examen de fin d'année en interprétant le monologue de *La Sorcière de Saül* de Gide. Mais ce fut mon premier faux pas car on me classa dans la catégorie des tragédiennes, m'empêchant ainsi de tenter ma chance en concourant en comédie...

CONTAMINE CLAUDE :

J'ai une énorme tendresse pour lui. Il a été mon P.-D.G. trois fois et il est resté mon ami. Je lui serai toujours infiniment reconnaissante de ce qu'il a fait pour moi en prenant *Catherine de Médicis* à Antenne 2. Cela n'a d'ailleurs été que justice, car dès le départ le projet l'intéressait personnellement.

Il a été un grand directeur de chaîne, mais on lui a reproché beaucoup de choses, surtout de ne pas être socialiste...

COQUETTERIE :

Je me maquille et me parfume toujours, mais on ne peut plus dire que je sois vraiment coquette : j'ai dépassé l'âge de vouloir plaire aux hommes! Selon les jours, je passe d'un extrême à l'autre en fonction de mes saisons intérieures. Mon aspect est exactement le reflet de mon humeur. Cela va de la tenue de jogging, quand je reste chez moi, à celles très habillées, voire sophistiquées, sur lesquelles j'ajoute force bijoux. Je peux toutefois encore être de ces femmes qui déchirent leur robe le lendemain du bal.

COUCHER :

S'il ne s'agissait que de coucher dans notre profession, la moitié des comédiens seraient déjà arrivés. J'ai essayé, mais coucher, c'est un métier comme un autre. Ce n'est pas par goût de la vertu que je proclame être arrivée par le travail, uniquement par le travail, c'est parce que je n'ai pas pu faire autrement. Il faut avouer que je n'aurais pas pu compter sur mon minois de midinette, car je suis de celles dont on dit :

« Oui, mais elle a des yeux superbes! » En revanche, j'ai une gueule, je le sais, mais c'est tout et je sais travailler. Il m'arrive cependant de regretter le don des femmes faciles. Combien j'eusse aimé être parfois protégée, moi aussi...

COULEURS PRÉFÉRÉES :

Je les aime toutes. Je n'ai pas de maniaquerie dans ce domaine.

COUPLES :

Mon dada favori, c'est le couple. Je suis depuis toujours à la recherche éperdue de deux êtres heureux qui ont choisi de construire quelque chose ensemble pour connaître le maximum de bonheur. Car vivre à deux ne signifie pas seulement faire l'amour vingt-quatre heures sur vingt-quatre. Cette obsession est probablement liée au souvenir du couple merveilleux que formaient mes grands-parents. Ils ne fonctionnaient pourtant pas de manière banale, car mon grand-père avait été littéralement acheté par ma grand-mère, qui avait voulu s'offrir un homme très beau, qu'elle a du reste entretenu toute sa vie.

Les couples réussis sont si rares que je me demande parfois s'ils ne relèvent pas de l'utopie. Je ne dis pas cela parce que j'ai moi-même échoué dans mon mariage avec Guillaume Hanoteau, mais parce que je n'en ai jamais rencontré qui m'aient fait réellement envie. Je continue cependant de chercher à comprendre pourquoi la fusion s'opère si rarement entre deux êtres. Je me dis bêtement qu'un couple devrait être l'addition de l'un et de l'autre, mais la plupart du temps, il s'agit de deux entités qui s'excluent et n'ont de cesse de s'emparer du pouvoir et de se détruire. Contrairement à ce qu'on croit en général, ce n'est pas l'infidélité physique qui est la cause des fiascos, mais la perte de considération de l'autre. Quand l'admiration se transforme en mépris, pourquoi s'acharner puisque chacun ne supporte l'autre que de résignation en abdication, jusqu'à l'échec final. Quant à la situation de ceux qui n'osent pas se dissocier par peur du lendemain, elle est tout simplement pitoyable. Et que dire de ces couples factices et célèbres qui refusent de se quitter pour ne pas démystifier l'image légendaire qu'ils représentent? Je n'ai pas les éléments pour juger Aragon et Elsa Triolet, mais il semble bien qu'ils en furent un exemple probant.

J'ai souvent remarqué que dans les couples heureux, la femme exerçait un métier. Cela ne veut pas dire que celle qui reste au foyer ne puisse pas réussir sa vie conjugale, mais cela implique que, malgré sa situation de dépendance, son époux ne la considère pas comme inférieure. Or, cela est très rare, parce que la plupart des hommes sont secrètement persuadés qu'elle l'est. Et puis, qu'elle le veuille ou non, la femme démunie finit, tôt ou tard, par se sentir obligée de jouer hypocritement le rôle de la soumission. Elle devient alors la bonne à tout faire ou la poupée qu'on met au rancard dès qu'elle se défraîchit. Chaque fois que je vois une femme afficher un bijou de grand prix, qu'elle n'aurait jamais pu s'offrir, je me demande quelle comédie elle a dû jouer pour l'obtenir ! J'ai toujours refusé de me prêter à cette dépendance annihilante, qui ne contribue ni au bonheur de l'un, ni à celui de l'autre.

COURRIER :

Il y a une disproportion de plus en plus ahurissante entre l'intérêt, l'affection que les gens me portent et les propositions concrètes que me font les marchands de spectacles. Je reçois plus de cinquante lettres par jour, souvent complètement insensées. Cela va des déclarations de tel jeune m'avouant avoir tapissé les murs de sa chambre avec mes photos, aux demandes de conseils pour faire carrière. On m'a même demandé de venir témoigner à un procès ! Je dois dire sans forfanterie que le pourcentage de missives désagréables est très minime.

CRÉATION :

La création réclame une réflexion totale et absolue. Elle ne supporte pas l'intervention des médiocres et elle ne s'épanouit que dans la solitude. On me demande souvent de façon puérile : comment faites-vous pour entrer la peau de votre personnage? Quand je réponds que je ne sais pas, on ne me croit pas. Demandez donc pourtant à un peintre s'il sait ce que deviendra sa toile!

CRITIQUES :

Comme la plupart des artistes, je ne peux pas dire que les critiques me laissent indifférentes. Je suis hypersensible et toutes les stupidités qu'on écrit sur mon compte me font mal. Mais comme je ne reste jamais sur un échec, je me reprends très vite. Ne dit-on pas d'ailleurs : « les chiens aboient et la caravane passe? » Et puis aux jugements sans appel des professionnels, je préfère l'adhésion de mon public, car c'est lui le juge ultime.

CROYANCE :

Je ne crois pas aux sciences occultes. Je sais appartenir au signe du Lion, mais ma curiosité en matière d'astrologie s'arrête là. En revanche, je crois aux ondes, à l'imprévisible, l'impalpable. Tout est basé là-dessus dans la vie.

CULPABILITÉ :

Il y a ce sentiment de culpabilité en moi qui fait que je me demande si je mérite ce que j'ai. J'en connais beaucoup d'autres qui, curieusement, éprouvent aussi ce même besoin. Mais de quoi, au bout de compte, et après tant d'années de lutte, veut-on se dédouaner?

CULTURE :

Se cultiver ce n'est pas s'empiffrer dans je ne sais quel snack-bar de la connaissance. On ne peut pas gaver les hommes comme les oies. La culture demande de la méthode, un certain goût et une grande humilité.

D

DALI SALVADOR :

Avec ou sans moustaches, j'aurais bien aimé voir Dali sans masque, au moins une fois. Je l'ai pourtant rencontré à plusieurs reprises, mais il était toujours en représentation et il n'y avait pas moyen d'aborder sérieusement les problèmes de sa création. Je le trouvais amusant, sans plus. Après la générale de *La vie que je t'ai donnée* de Pirandello, il est venu me faire ce compliment qui m'a beaucoup flattée : « Sapritch, vous êtes une sublime verticalité! » Par la suite, il m'a offert un dessin que j'ai accroché dans ma chambre.

DANGERS :

Quand on vieillit, gare à l'alcool et aux mauvaises fréquentations!

DELON ALAIN :

A l'époque où je l'ai connu, il ressemblait à un archange digne de certains de ces modèles de Michel-Ange au plafond de la Chapelle Sixtine. On comprend à quel point il pouvait alors séduire Visconti, le Visconti sublime de *Senso*. Je conçois très bien qu'après tant de perfections, il supporte très mal de vieillir. Pourtant, aujourd'hui, il a tout, vraiment tout, sauf justement cette jeunesse. Une star, car c'en est une, ne peut pas jouer impunément le jeu inutile et dangereux de Dorian Gray !

J'ai mal supporté les attaques dont il a fait l'objet au moment de l' « Affaire Marcovitch » sous Pompidou, non seulement parce que je le trouvais touchant, mais parce qu'à travers cela, c'était la star, seulement la star qu'on attaquait. Certains se souviendront combien les journalistes le harcelaient, l'acculaient à je ne sais quel aveu, qui aurait fait la superbe manchette de leur canard... On paie toujours d'une manière ou d'une autre la célébrité et c'est injuste. C'est la raison pour laquelle j'ai essayé de le défendre dans une émission de R.T.L., en plaidant sa cause d'artiste, sa vulnérabilité d'homme connu. Il a été très sensible à mon geste et il m'a envoyé une charmante lettre pour me remercier. Nos voies ne se sont pas croisées davantage.

DÉRISION :

J'aime la dérision parce que tout est dérisoire et que je le suis moi-même. La dérision, c'est la forme de ma révolte, car je suis depuis toujours une révoltée. Je sais que tout est mascarade et je ne prends rien, ni personne, au sérieux. C'est sans doute pourquoi j'ai besoin de cocasserie et de rire, c'est une revanche sur ma nature mélancolique. Le comble de la dérision, c'est sans doute le récent face-à-face de Gorbatchev et du pape !

DÉSIRS :

On n'apporte jamais aux êtres ce qu'ils désirent, mais ce que nous voulons, nous, qu'ils désirent.

DEVISE (MA) :

Bien faire et laisser dire.

DIGNITÉ :

On peut être digne dans le travail, dans le bonheur comme dans le malheur. La dignité est un sentiment très important pour lequel j'ai le plus grand respect. En manquer, en effet, dénote une singulière bassesse d'âme. Mais les gens qui en font preuve, et ils sont rares, sont comme auréolés de lumière.

DRAGUE :

Je n'ai jamais fait le premier pas et me suis toujours mise, au contraire, en position d'être « attaquée ». Et cela m'a plutôt réussi. Il faut laisser à l'homme ce plaisir, parce que c'est un être fragile et vaniteux qu'il faut rassurer. Et puis quand on l'attaque, il perd ses moyens, ce qui est ennuyeux. Cela m'aurait sûrement beaucoup amusée de faire des cours de charme et de sexologie...

DURAS MARGUERITE :

Je l'ai autrefois croisée à Saint-Germain-des-Prés. Elle ne fait pas partie des écrivains que je préfère. Si elle a écrit quelques bons livres, elle n'est pas pour moi une grande romancière. Elle est un effet de mode et l'admiration qu'on lui porte est excessive. Comme tout ce qui est excessif, c'est à mon sens inutile.

E

ÉCOLOGIE :

Sans le mouvement écologique, on ne ferait rien pour maintenir l'équilibre de la planète et lutter contre les effets néfastes du nucléaire. Pourtant, dans la course aux armements, personne n'est à l'abri des retombées dramatiques d'un nouveau Tchernobyl dont, curieusement, à écouter les informations, notre pays aurait été épargné. J'ignorais l'étanchéité exemplaire des frontières françaises...

ÉCOUTE :

Il est inutile de se complaire dans le ron-ron de ses malheurs. Les gens qui s'y vautrent transmettent des ondes négatives. Je crois beaucoup aux radiations qui émanent de chaque être. Il y a toujours un côté sadique, plus ou moins conscient, chez celui qui écoute les intarissables gémissements d'autrui. Ou il a le goût du désastre, et il vous y enfonce davantage. Ou alors, il s'en fiche royalement, vous l'ennuyez, et il se fera un plaisir de vous le faire comprendre en vous fuyant. En tout cas, on n'en retire aucune aide. Les solutions ne se trouvent qu'en soi.

ÉGALITÉ DES SEXES :

L'égalité des sexes n'existe pas! Pomponnées par des maisons spécialisées, bien maquillées, les femmes n'en sont pas moins traitées comme des chiennes. Si elles se sont révoltées dans la mouvance de l'après-1968, c'est parce que la précédente génération masculine n'avait pas su les rendre heureuses. Je ne crois pas que le vote des femmes, la légalisation de la pilule et de l'avortement aient apporté un changement décisif dans la condition de la femme. C'est par une transformation morale profonde de l'homme qu'on parviendra à mettre fin aux siècles d'incompréhension. Sans pour autant se châtrer ou se féminiser, il faut qu'il cesse d'avoir peur de la femme. C'est paradoxalement à lui, et non à elle, d'en prendre l'initiative.

ÉLYSÉE (PALAIS DE L') :

Depuis le septennat du général de Gaulle, j'y suis régulièrement reçue en tant qu'artiste. De Gaulle était très impressionnant. Le jour où il m'a invitée, il portait dans ses bras la ravissante Brigitte Bardot. Sa femme, qui avait d'autres préoccupations, s'est approchée de moi et m'a dit : « Oh! Madame Sapritch, j'aime beaucoup le travail de dentelles de vos manches. »

Pompidou aurait sûrement été un grand président. Sa mort a été injuste : il n'a pas eu le temps de donner sa mesure. Sa femme Claude a une classe exceptionnelle. Je lui ai dit combien sa personnalité me touchait dans sa dignité.

Avec Giscard, j'ai un problème, car c'est tout de même lui qui a inauguré la télévision commerciale... Il a donné le la.

ENFANTS :

La vie des enfants d'artistes est une malédiction : ils sont toujours d'une certaine manière exclus. Certains en souffrent tellement qu'ils se suicident. Il faut être lucide, comment peut-on vraiment se donner avec un métier où on sacrifie ce qu'on est? Voilà pourquoi j'y ai personnellement renoncé. Et puis je dois avouer que je préfère les enfants lorsqu'ils deviennent adultes.

ÉPOQUE PRÉFÉRÉE :

Mon époque préférée, c'est la mienne. Je suis une femme du présent et surtout de l'avenir.

ÉROTISME :

La sexualité n'a rien de honteux, mais je me demande pourquoi les gens éprouvent le besoin de lire des curiosa ou de regarder des films érotiques? Comment faisaient-ils l'amour avant? Or Canal + semble se tailler la part du lion en vous apportant cela directement dans votre chambre... Plus besoin d'entrer dans les salles obscures en rasant les murs. Je ne suis pas bégueule, mais il me faut avouer franchement que l'érotisme ne m'intéresse ni au cinéma, ni en littérature. Bien sûr, on pourra me rétorquer que je suis moi-même « commise » dans *Sexy Folies*, ou que j'ai chanté ce fameux « Slowez-moi » qui versait à la fin dans le registre coquin, mais c'était dans la dérision. Ne disais-je pas, d'ailleurs, dans cette chanson : « me slowe qui peut, quand je veux »?

ESPRIT :

On a de l'esprit ou on n'en a pas. Ça réclame de l'intelligence et ça englobe tout, vraiment tout et il n'est rien de plus détestable que ceux qui courent après.

EUROPE :

Je suis pour la suppression des frontières, mais avant tout pour la paix. C'est par là qu'il faut commencer. Encore faut-il que le projet européen se réalise vraiment et qu'il ne soit pas prétexte pour chacun de nos hommes politiques à promouvoir leur carrière !

F

FAMILLE :

Je choisis les êtres que j'aime. Je n'ai pas le sens de la famille, c'est plutôt la famille qui a le sens de moi.

FANTASMES :

Je n'ai plus de fantasmes. Je crois vraiment en avoir dépassé l'âge !

FÊTES :

Tous les ans, on me demande ce que je pense de Noël et du Jour de l'An. Nous venons d'en finir avec l'année 89. Et après ? Je n'aime ni les vacances, ni les fêtes. Durant cette période, je me nourris exclusivement de somnifères.

FILIPACCHI HENRI :

Dans les années 60, on le voyait souvent trôner au *Flore* au milieu d'un cercle de thuriféraires qui le suivaient comme un oracle. Il est vrai qu'il était aussi milliardaire. Comme Cocteau, il accordait ou retirait le label de qualité aux artistes. Il aimait encore parler des succès de son fils Daniel, dont il était très fier, et qui était déjà à dix-sept ans, c'est vrai, à la fois beau, intelligent et fringant.

Un jour, j'arrivais à peine, qu'il se précipita sur moi, pour me dire, en me couvrant de baisers : « Ma chérie, je t'ai vue hier soir, tu étais formidable et tu n'as plus à t'inquiéter, je suis sûr que tu vas faire une merveilleuse carrière! » Je jouais à l'époque avec Caussimon dans *Le Lien* de Strinberg. Un tel compliment dans la bouche du créateur de la Pléiade chez Gallimard ne laisse pas indifférent et c'est tout juste si je ne lui ai pas fait la révérence...

Quelques jours après, la directrice du *Théâtre de Poche*, qui avait également apprécié ma prestation, me téléphonait pour me proposer de monter la pièce. Pour assurer les frais de publicité du spectacle, elle me demanda également de chercher un protecteur. Comme je n'ai jamais eu la mentalité d'une tapeuse, j'ai pris mon courage à deux mains et pensé que je pouvais toujours essayer d'en parler à Filipacchi. Il me reçut aussitôt très gentiment dans son bureau, ravi d'apprendre mes nouveaux projets. Mais quand je lui ai fait comprendre que je venais pour une aide, il m'a dit gentiment : « Ma chérie, ce n'est parce que je suis ton admirateur que je suis ton mécène! » La nuance était évidemment de taille et je suis repartie toute penaude, sans le moindre coup de main.

FLEURS PRÉFÉRÉES :

J'aime toutes celles qui jouent avec la lumière et avec le temps. J'ai un faible pour les tulipes et certaines roses rouges.

FORCE (MA) :

Faire en sorte que tout désastre devienne avantageux, tirer le positif du négatif.

FRANCHISE :

Elle peut apparaître brutale, mais elle fait gagner du temps et facilite bien des choses. A quoi bon les détours? Par nature, je préfère les lignes droites aux zigzags.

FUME-CIGARETTE :

Je sais que ce fume-cigarette a la réputation d'être le plus long du cinéma français, pourtant j'utilise le même depuis l'âge de seize ans. Il n'a pas un centimètre de plus! Il est mon mage et me sert de radar.

Quand à une certaine époque, on m'a interdit de fumer pour des raisons de santé, je le gardais à la main pour me rassurer. A-t-on seulement remarqué que mon briquet ne me quitte jamais? Je suis une femme solitaire, je dois m'allumer toute seule.

G

GAFFE :

Quand je m'ennuie, je fais une gaffe.

GALABRU MICHEL :

Galabru, c'est mon complice de toujours. C'est un patriarche, une sorte de Papé qui adore sa famille et ses enfants. Il travaille énormément et gagne beaucoup d'argent, mais il donne tout. Je crois que c'est sa destinée de tout donner. Il a un talent extraordinaire et je l'ai toujours dit, même si dans un livre on m'a fait dire le contraire. On lui reproche souvent, comme on le reprocherait à de Funès, d'avoir un peu gâché ce talent : « Ah ! s'il avait voulu... » Et bien moi, je dis : « Il est Galabru et ce n'est déjà pas si mal. » Un jour il m'a avoué : « Tu sais, on a tourné des films ni plus mauvais, ni meilleurs que les films actuels et puis j'aime mieux avoir des lingots d'or que de bonnes critiques dans les tiroirs. »

Je l'avais imposé à la direction de FR3 pour le tournage de *Solitudes* de Jean Marbœuf. Le film conte la vie d'un boxeur qui a raté sa carrière et qui rencontre une ex-danseuse devenue dame de petite vertu, autrement dit l'histoire de deux solitudes qui s'unissent par nécessité. Les situations étaient dramatiques, à la limite du tragique. Couchés côte à côte comme deux gisants, on était tous les deux pitoyables. Galabru avait d'ailleurs cette réplique qui explique bien la situation : « Moi le ringard et toi la pute, on dirait deux orphelines, c'est triste à mourir. » Mais on avait plutôt envie de rire car nous avions une énorme caméra installée au-dessus de nous sur le plateau d'une échelle et, juchés sur les barreaux, le perchman et le metteur en scène. Et ce en équilibre instable risquant à tout moment de s'effondrer. Pour me donner du courage, Galabru me soufflait : « J'espère qu'on va s'en sortir et qu'on finira la scène avant qu'ils chutent tous dans notre plumard... »

GIRARDOT ANNIE :

Je l'ai bien connue. Nous avons joué ensemble dans *La Tour Eiffel qui tue* d'Hanoteau. C'est une espèce de franc-tireur dans la profession. Elle a eu une carrière formidable et elle a beaucoup de talent. On ne se voit malheureusement plus parce que c'est un bourreau de travail et qu'elle vit un drame perpétuel avec quelqu'un que les gens n'aiment pas. Mais je me refuse à la critiquer. J'aime pour ma part que les gens vivent en totale liberté.

GISCARD D'ESTAING VALÉRY :

J'ai été sensible à son charme et à sa distinction, mais sa politique en matière de télévision m'a déçue. Dans ce domaine, son septennat a été celui de la médiocrité.

GLACES :

Oui, ces choses-là existent et il y en a beaucoup chez moi, mais c'est pour agrandir le salon!

GLOIRE :

Il ne suffit pas de quelques apparitions, si prestigieuses soient-elles, pour se voir consacrer vedette, ni d'un fume-cigarette, sinon tout le monde pourrait s'en tirer en allant chez le buraliste du coin... Tant qu'on ne retient pas la marque de fabrique, rien n'est joué. Tout est à refaire. Se souvient-on en général du nom de ces comédiens qui défilent sur le générique des dramatiques télévisées? Et puis, il ne faut pas l'oublier, on n'est jamais seul responsable d'un succès. S'il n'y a pas de recettes, il y a au moins une règle essentielle : lorsqu'on a réalisé quelque chose, il faut créer un événement, puis « enfoncer le clou »!

GOUTTE D'EAU :

Je suis laxiste et patiente. J'attends souvent que la coupe soit pleine. Puis à la moindre goutte en trop, crac, boum, stop, je mets un point d'arrêt définitif! Évidemment cela paraît parfois un peu brutal, mais mon tempérament ne me pousse guère à faire dans la nuance. Mon ami Bory me conseillait parfois de mettre des bémols et d'apprendre à dire adorablement « non ». Mais c'est plus fort que moi, je ne peux pas « finasser ». Je n'utilise jamais de faux-fuyants. En contrepartie on peut compter sur moi, je suis solide comme un roc.

GRÉCO JULIETTE :

Je l'ai connue à Saint-Germain-des-Prés quand elle avait seize ans. Elle y chantonnait déjà. On l'appelait Toutoute. C'était une période de vaches maigres et les chaussures manquaient comme le reste. Je lui en ai offert une paire en semelles de crêpe, c'était rare à l'époque. Elle en parle encore aujourd'hui avec beaucoup d'émotion. Je pourrais lui en vouloir un peu parce qu'elle n'a rien fait pour m'aider à rentrer au cinéma lorsqu'elle vivait avec Zanuck. C'est une oublieuse personne, mais je ne lui en veux pas de ses manques. Je l'aime bien et j'apprécie la manière dont elle a fait son chemin.

GROSSES TÊTES :

Les Grosses Têtes ont beaucoup de tenue. Si cela dure depuis treize ans, c'est que cette une émission a de grandes qualités. Pour ma part, je l'apprécie énormément. Contrairement à ce que l'on croit, elle n'est pas facile : il faut rester vigilant, faire rire, louvoyer en permanence, en présence du public et sous la chaleur des projecteurs. J'adore plaisanter et je crois faire preuve d'un certain humour, mais il n'est pas toujours facile de contrôler l'ironie, car le rire dérape facilement vers les terrains glissants. On me demande souvent pourquoi je me laisse faire, mais on oublie que c'est un jeu, uniquement un jeu. Je suis la seule femme au milieu de trois ou quatre lascars, mais quand ces messieurs vont plus loin, je ne me gêne pas pour rétorquer sur le même ton. Si c'était vraiment injurieux, je claquerais la porte, je m'en irais. Personne ne me force, j'y trouve aussi mon intérêt. Au bout du compte, on s'amuse, c'est drôle. Il ne faut pas juger les choses au premier degré. Il est vrai que parfois cela va un peu loin, mais les plus grosses énormités sont tamisées. Quand je sors de deux heures d'enregistrement, je n'ai qu'un seul désir, aller dîner avec des copains dans un restaurant où j'ai mes habitudes.

Les Grosses Têtes, c'est aussi l'occasion de retrouver des gens que je ne verrais pas autrement. Jacques Martin, par exemple. C'est un garçon très bizarre, très doué, mais dont je dirais, justement parce qu'il est très doué, qu'il a tout raté. Je suis sûre que s'il l'avait été moins, il aurait réussi. Évidemment quand on voit ce qu'il est devenu, c'est un manque de réussite tout à fait relatif, mais je sais qu'il aurait voulu être autre chose. Il travaille beaucoup, il est à l'aise financièrement et ne s'en cache pas. Je comprends parfois sa tristesse au milieu de ses facéties. Il doit être mieux qu'il ne paraît, mais il tient à porter des masques. Il doit être aussi très timide. Sous des dehors de clown, je suis sûre qu'il cache un grand désarroi. Je ne pense pas qu'il ait des problèmes métaphysiques. Pourtant avec son physique, il pourrait en avoir ! Il ne se prive du reste pas de facéties sur le mien. Cela ne m'impressionne absolument pas, ce n'est pas grave. Dans ces cas-là, je lui conseille simplement d'aller s'acheter un miroir...

Je retrouve parfois aussi sur ce plateau le volubile Olivier de Kersauson, un gars de la mer, qui fait des voyages en solitaire. C'est probablement pour cette raison qu'il en profite pour parler beaucoup. Il a dû être très beau et a encore de beaux restes, mais est-ce une raison pour me cacher le public avec sa grande carrure en se mettant systématiquement devant moi ? Ces histoires sont parfois drôlettes.

Il y en a un autre que j'aime bien, Carlos, le gros Carlos qui trouve que les gens qui font des régimes sont des idiots. Il a décidé d'être ce qu'il est, c'est-à-dire une boule qui roule. Il est content de vivre sa vie d'aventurier, d'aventurier de la publicité d'abord, dont il vit en grande partie. Il a une espèce de nonchalance plaisante, un côté bon enfant. C'est ce qu'on appelle somme toute un personnage. Et il y en a de moins en moins, malheureusement.

Le distingué Ceccaldi fait aussi des apparitions. Il a un charme fou celui-là. J'allais oublier ma copine Claude Sarraute qui vient de temps à autre renforcer les bancs féminins. J'ai deux ou trois choses à dire d'elle, mais je me garderai dorénavant d'évoquer son mari Jean-François Revel, car cela m'a valu un papier abominable. Imaginez, j'avais osé parler d'un dîner chez Revel, sans la nommer elle... Claude est une femme étonnante qui dit se lever tous les jours à cinq heures du matin pour prendre le premier métro. Elle doit sûrement en aimer l'odeur, parce que je ne vois pas qui lui interdit de prendre un taxi. Elle est très à la mode et très maligne. Elle fait beaucoup de charme aux hommes et elle a raison parce qu'elle est assez irrésistible. *Aux Grosses Têtes*, il faut qu'elle joue les patronnes, qu'elle dirige les opérations. Quand elle est là, je lui laisse naturellement la parole. Je la rencontre également parfois chez Luc Fournol, qui a été photographe à *Jours de France* pendant des années et qui a cette caractéristique extraordinaire d'avoir le nez pour acheter des tableaux. C'est simple, il les prend au bon moment et les revend quand les cotes ont considérablement monté.

Toute cette faune s'agite. Mais le temps qui passe dépose sur eux aussi cette espèce de rosée de vieillissement à laquelle nul ne peut échapper.

GROUPIES :

Les « groupies » ont toujours existé. Je préfère pour ma part utiliser le terme de « thuriféraire », qui me semble souligner davantage leur rituel caricatural de l'encensoir et leur besoin de fétichisation à outrance. Leur dernière pulsion en la matière : ramasser la culotte de Madona.

H

HAINE :

Il faut avoir de la mémoire, pour éprouver de la haine. Il faut aimer se ronger. C'est une perte de temps, un luxe qu'on ne peut plus se payer à un certain âge.

HASARD :

La terre est pour moi un vaste casino. Tout est un jeu. Il faut savoir choisir, et au bon moment. On tire le bon ou le mauvais numéro, on fait parfois banco. Il faut prendre des risques. Il est vrai qu'à force de vivre dans un monde bigarré, truffé de mythomanes et de menteurs, la prudence n'est pas inutile. Pourtant, l'expérience m'a prouvé que d'apparents mégalos ou de supposés charlatans peuvent être source de hasards heureux.

Un jour, dans les années 50, alors que j'attendais un autobus à Saint-Germain-des-Prés, devant la *Brasserie Royale*, à l'emplacement du *Drugstore* actuel, j'entendis soudain la voix d'une femme, qui me fit presque peur, me hurlant :

– Alice, Alice, il faut absolument que je te voie, j'ai quelque chose à te montrer. C'est urgent !

C'était Arlette Rénergue, une femme metteur en scène un peu excentrique, probablement perturbée, qui tenait, place de la Contrescarpe, un établissement extraordinaire, ancêtre des cafés-théâtres actuels, où défilaient tous les chanteurs et les poètes de l'époque.

Comme j'étais pressée, je lui répondis simplement :

– Oui, oui ma chérie, on en reparlera, téléphone-moi.

Mais elle s'agrippa à mon bras pour me retenir et me fit un laïus délirant, dont il ressortait qu'elle me proposait un rôle nécessairement sublime, d'un auteur non moins extraordinaire. Ce genre de propositions bidons étaient fréquentes à la grande époque de Saint-Germain-des-Prés, c'est pourquoi, sans plus m'émouvoir, je lui demandai de me faire déposer à l'occasion ladite brochure pour que j'en prenne connaissance. Mais à ma stupéfaction, elle insista lourdement, m'affirmant pouvoir même me la donner sur-le-champ, puisqu'elle l'avait dans sa serviette. Comme j'étais encombrée de paquets et que je trouvais sa précipitation suspecte, je lui dis, pour ma part, que je préférais en reparler plus tard. Sur quoi je la quittai.

Ce fut une de mes grandes erreurs. Quel tort ai-je eu de ne pas lui faire confiance, de ne pas saisir l'occasion au moment où elle se présentait. C'était une pièce remarquable : *Naïves Hirondelles* de Rolland Dubillard. Arlette Rénergue en fit naturellement la mise en scène, mais, bien évidemment, elle a donné le rôle à quelqu'un d'autre.

Si je raconte cette anecdote, c'est pour expliquer qu'il est souvent très difficile d'évaluer les choses à leur juste prix. De temps à autre, on vous tend réellement la main, mais vous ne le voyez pas et vous vous égarez. Et c'est là l'erreur. Il faut croire beaucoup au hasard, à la roulette de la vie.

HISTOIRE :

L'Histoire m'apparaît trop comme une succession de témoignages subjectifs pour que j'y croie. On ne peut pas nier les dates et les archives, mais la couleur change d'un historien à l'autre. Et sait-on exactement comment les choses se passent. Il ne faut jamais s'en tenir à un seul livre. La Révolution de Michelet n'est pas la même que celle de Gaxotte. Je ne crois ni aux traîtres ni aux héros, seulement aux hasards. On ne fabrique pas l'événement ou rarement : on est porté par lui. Il suffit de regarder ce qui se passe actuellement dans les pays de l'Est et surtout en Roumanie. En tant que comédienne, ce qui m'intéresse, surtout, c'est de savoir à quel moment un être bascule dans la trahison. J'aimerais créer une série sur ce thème.

Si on me demandait quel personnage historique j'aurais aimé être – je ne parle pas ceux que je voudrais interpréter, ou que j'ai incarnés à l'écran –, je dirais Elisabeth Ire et Madame de Maintenon. Oui, cela peut étonner, pourtant c'est vrai, Elisabeth Ire est une figure féminine qui m'a toujours attirée. C'est la femme sans homme, la femme condamnée à la solitude à cause du pouvoir. Madame de Maintenon, elle aussi, a été un personnage isolé qui eut un certain pouvoir.

Les « intouchables » de l'histoire, comme Jeanne d'Arc ou Saint Louis, ne m'intéressent pas. Je préfère les personnages forts et déchus comme Napoléon à Sainte-Hélène, surtout pas l'empereur qui a passé son temps à appauvrir le peuple français à piller et massacrer durant les guerres de conquête. Talleyrand me fascine également parce qu'il représente l'homme politique type, celui qui sait prévoir, qui a « de l'avenir dans l'esprit », comme il disait si joliment, celui qui, en dépit de ses trahisons successives, sait rester fidèle à ses convictions.

Selon moi, il faudrait oublier l'Histoire. Loin d'apaiser les peuples, elle les divise. Elle représente un danger parce que les hommes politiques et les historiens s'en servent pour soutenir leur idéologie. La seule leçon à en tirer, c'est la dérision. On oublie trop souvent, par exemple, qu'Alfred Nobel, qui a donné son nom à un prix annuel de la paix destiné à récompenser les bienfaiteurs de l'humanité, est aussi l'inventeur de la dynamite...

HOMOS :

Les homosexuels font souvent le même métier que moi : la plupart d'entre eux sont artistes, écrivains ou comédiens. Je n'ai donc pas choisi de les fréquenter. Il se trouve aussi que Gérard Nanty, l'animateur de *La Colony*, une boîte célèbre, qui n'existe plus, m'en a fait rencontrer beaucoup. C'était un carrefour où se rencontraient des gens très différents, un endroit bizarre comme il ne peut plus en exister. Il y avait des homos, des travelos, des excentriques de tout bord, mais un laisser-aller toujours correct. J'aimais ça, c'est vrai, mais je voudrais bien qu'on fasse un distinguo : si j'appréciais *La Colony* pour sa folie, ce n'est pas parce qu'elle était fréquentée en majorité par les gays : ils sont loin d'avoir tous la tournure d'esprit qui me plaît et je ne me lie pas systématiquement avec eux. Il se trouve seulement que ces garçons célibataires sont toujours disponibles et qu'il est plus facile de s'en faire des copains, d'autant que généralement ils m'aiment bien.

Et puis je préfère les jeunes aux gens de ma génération souvent rabougris et un peu aigris, qui ont pour seul intérêt la naissance des enfants.

HOSSEIN ROBERT :

On dit le « bouillant Achille », on pourrait dire le « bouillant Hossein ». Il est toujours en effervescence, avec mille idées en tête. Il veut tout et il a beaucoup. Son côté mégalo et marchand de tapis pourrait le rendre antipathique, mais sa fidélité et sa générosité font que je lui pardonne tout. Et puis qui, mieux que lui, sait se donner à fond dans ce qu'il fait? Il aurait aimé me voir interpréter *Marie Besnard* chez lui : « Tu aurais pu jouer pendant un an à bureaux fermés! » Mais cela ne m'intéressait pas car le théâtre me prive des libertés dont j'ai besoin. Une pièce qui marche signifie le bagne tous les soirs.

J'en veux à la vie de ne pas le voir davantage, mais je sais que si demain je le rencontre, ce seront des retrouvailles chaleureuses : c'est son côté russe, entre le rire et les larmes.

HUMOUR :

J'aime l'humour. Le vrai, non pas le fabriqué, le surgelé, prêt à l'emploi. Le véritable humour est une façon de camoufler le non-sens. Cela n'a rien à voir avec les histoires de table que je déteste et trouve vulgaires et sans intérêt. L'humour est pour moi une sorte de parti pris, mais il arrive parfois qu'on me le reproche. Il faut dire que beaucoup de gens y sont insensibles et qu'on le supporte rarement chez une femme.

HYPOCRISIE :

Plus je vieillis, moins je supporte la fausse monnaie et l'hypocrisie. C'est une maladie. J'en ai une horreur épidermique. On n'est pas obligé de m'aimer, ni de me dire qu'on m'aime quand ce n'est pas vrai. Aux hypocrites, je dis : « la porte ! »

I

IMAGE DE SOI :

J'ai parfois l'impression d'être une valise sur laquelle tout le monde a collé une étiquette, mais en réalité personne ne me connaît vraiment. Je n'ai pas d'image publique, je suis opaque! L'image publique est l'affaire des journalistes qui projettent sur moi leurs fantasmes. Je rêve qu'on m'accepte telle que je suis, mieux, telle que je me vois, changeante comme le ciel de Paris au gré de mes humeurs, de mes bonheurs ou de mes agressions. Oui, c'est vrai, je suis terriblement versatile, mais ni mégalomane, ni nymphomane, ni exhibitionniste. Je réfute ces catégories, comme toutes les catégories. Je suis anachronique, extravagante, insaisissable. L'humour est ma soupape de sécurité, car je suis en fait quelqu'un de timide et de mélancolique qui a aussi besoin d'être réconfortée. Comme je suis très orgueilleuse, j'ai horreur de me montrer en dehors de mes temps forts. Mes pleurs et mes détresses s'adressent à mon mur, qui est évidemment muet. Je suis très dure avec moi-même et ne laisse jamais aller : dans le creux de la vague, je donne des coups de pied pour refaire surface. Mes enthousiasmes sont modérés, mais fermes. Je suis précise, calme et je n'aime pas perdre mon temps, ni le faire perdre aux autres. Au bout du compte, et je ne sais pas pourquoi cela fait rire, je suis tout simplement une femme banale.

IMAGINATION :

Si je ne sais rien faire, j'ai par contre beaucoup d'imagination. Avec elle, je ne suis jamais seule. Elle me raconte des histoires. Je peux rester allongée à rêver du matin au soir à toutes les possibilités que j'ai en moi.

INDIVIDUALISTE :

Je revendique mon individualisme. A partir de là, on peut me classer n'importe où : à gauche, à droite, au milieu, en haut, en bas. Cela n'a vraiment aucune importance.

INÉGALITÉ :

Il faudrait dans une société plus juste, plus humaine, plus civilisée, essayer de combler l'écart de naissance, d'aider ceux qui souhaitent accéder à d'autres niveaux. Toutefois, je récuse la démagogie de l'égalité. A l'école, on distingue tout de suite les cracks des cancres. Dans une famille, l'inégalité existe de la même manière. Aucune société ne peut changer le sort de qui que ce soit, si l'individu lui-même n'a pas envie de changer! Mettre tout le monde dans la même catégorie, c'est grotesque.

INNOCENCE :

Je ne suis pas sûre de savoir ce que cela veut dire? Je n'ai jamais connu celle de l'enfance et je le regrette encore. Alors?

INQUISITION :

Quand j'apprends qu'en Iran un ayatollah interdit un livre, je me demande si on a évolué depuis le Moyen Age et si nous ne sommes pas encore sous le régime de l'Inquisition?

INSURRECTION ROUMAINE :

La télévision n'est pas seulement le reflet de la mémoire de l'Histoire, elle est l'Histoire en direct. Voilà ce que nous ont montré les récents événements en Roumanie. Sans elle, peut-être que Ceauscescu serait encore le dictateur sanguinaire qu'il était? C'est sur le petit écran que tout semble avoir basculé. On l'a vu perdre la face devant la foule haineuse qui tentait de le faire taire avec des cris de haine. On assistait presque aussitôt à son procès expéditif, à son exécution puis à la fusillade qui s'ensuivit et la mise à feu de son palais. Dans ces grands moments la télévision est un œil irremplaçable. On a même tellement ressenti son importance que des desperados ont tenté de la détruire.

Le crime ne paie pas et les tyrans meurent toujours de la même façon. Jamais dans leur lit et c'est tant mieux. Le pouvoir absolu génère la folie. On y perd le contrôle de soi et la notion de tout. Cette insurrection a trop tardé à se produire. Quand la moitié d'un peuple espionne l'autre et que tous crèvent de faim, comment les communistes ont-ils pu se taire si longtemps? C'est une monstruosité. D'ailleurs le communisme n'a jamais satisfait mes convictions. Il a fait son temps et tout nous le prouve actuellement, à commencer par cette vague qui soulève toute l'Europe de l'Est et cet effondrement du mur de Berlin. Je n'ai jamais cru à ce type de régime, car à y regarder de près, communiste ou pas, le caviar dans les sphères du pouvoir est toujours bon à manger... On a simplement redistribué les cartes en remplaçant les riches du régime tsariste par des fonctionnaires qui se sucrent comme les autres!

Il est navrant qu'on veuille nous faire le coup de la révolte spontanée d'un peuple opprimé. Qu'on soit plus clair et qu'on parle de manipulation éclairée. Tout n'était-il pas minutieusement préparé par Gorbatchev? Je suis peut-être pessimiste, mais la Roumanie totalement libre, je n'y crois pas. Le *Sept sur Sept* que la télévision française lui a consacré n'a fait que me confirmer dans cette opinion. Et puis il ne faut pas faire de l'actualité douloureuse un show. Le télé-événement, la prise directe sur la vie est autre chose. Dans cette émission produite peu de temps après, tout apparaissait décalé. Ces gens, qu'indécemment on interviewait, qu'on harcelait, n'étaient pas des acteurs jouant je ne sais quelle fiction. Leur réalité était autre et ils avaient sûrement mieux à faire.

Certaines répercussions en France m'ont amusée : ce peut être drôle de dire que Marchais passait ses vacances en Roumanie, mais pourquoi ne pas rappeler au passage que certains de nos intellectuels, qu'on appelle, je crois, « nouveaux philosophes », ou quelque chose comme ça, ont cru, eux aussi, et il n'y a pas si longtemps, que le régime instauré par Ceauscescu représentait une forme de liberté par rapport aux autres pays communistes?

INTÉGRISME :

Je suis fondamentalement antiraciste et tolérante. Je suis contre toutes les ségrégations et je trouve regrettable le débat sur l'intégrisme qui agite actuellement la France. C'est en tant qu'Arménienne, confrontée à la question de l'intégrisme, que je veux parler. Il faut que les étrangers comprennent qu'il est indispensable de se soumettre aux lois du pays qui les accueille. Je l'ai fait sans souffrance et m'en porte très bien. Comment imaginer n'avoir que des droits et aucune obligation?

Si je suis contre le port du voile à l'école, c'est uniquement parce qu'il se veut symbole religieux. L'école française laïque prône l'égalité. Pourquoi y afficher une différence? La religion est une affaire personnelle, pas une vitrine.

INTELLIGENCE :

C'est probablement une des qualités que je préfère. Je ne sais pas si j'en ai personnellement, mais je comprends très vite et j'ai l'esprit de synthèse. Il y a, bien sûr, un revers : à comprendre trop vite ce qu'on essaie de m'expliquer, je m'ennuie souvent en société.

INTUITION :

Je me trompe rarement sur les individus. Ce devrait être une qualité, mais parfois en même temps je ne peux pas m'empêcher de m'abuser, d'enjoliver pour un emballage qui n'en vaut pas la peine. Je vois ce qui manque et refuse d'y croire. Il est évident que cela me joue des tours. Tant pis. Il me faut avoir le courage de me dire que je n'ai pas vu ou voulu voir juste. A moi de me battre la coulpe. C'est indigne de dire que c'est la faute de l'autre.

J

Jullian Marcel :

Jullian, c'est un type échevelé, un feu follet charmeur et charmant que j'aime bien. Homme de culture, il sait toujours de quoi il parle, mais il m'apparaît un peu dispersé, c'est un « yes-man » qui vous dit toujours « oui », sans que vous sachiez vraiment s'il tiendra ses promesses. Lorsqu'il était directeur d'Antenne 2, il me taquinait, on s'engueulait, c'était presque des rapports passionnels. Un jour, au bord de l'exaspération, je lui ai écrit une lettre pour lui dire que je préférais l'exil à l'humiliation. Je lui faisais souvent remarquer aussi qu'il me traitait comme une bonne. Il me rétorquait que c'était un très bon métier et que j'avais par conséquent une place privilégiée...

K

KISLING JEAN :

Il m'a dit un jour : « T'as une belle gueule, mais si tu veux faire une carrière, ne prends jamais pour amant ou pour mari un artiste. S'il est peintre, il te parlera de sa peinture du matin au soir. S'il est musicien, il passera son temps à t'interpréter ses œuvres. S'il est écrivain, il t'empoisonnera l'existence avec ses chapitres. Reste seule! » Il avait raison, un couple d'artistes est voué à l'échec dès le départ.

L

LAURENT JACQUES :

Son fauteuil à l'Académie ne lui a pas enlevé son allure d'éternel étudiant sympathique et intelligent. En tant qu'écrivain, il me déroute parce qu'il a deux signatures et qu'il entreprend toujours quatre romans et cinq scénarios à la fois. On ne s'est pas rencontrés. Dommage ! Je pense que si j'avais été jeune et bien roulée, j'aurais obtenu tout ce que je voulais de lui.

LE LAY PATRICK :

J'apprécie beaucoup l'intelligence et la clairvoyance de Patrick Le Lay, le P.-D.G. de TF1. Il sait faire tourner sa chaîne, l'œil fixé sur l'Audimat, en privilégiant les divertissements populaires. C'est une véritable entreprise, qui a coûté assez cher et qui a besoin d'argent. Il sait très bien qu'il suffit qu'une autre chaîne double la sienne pour qu'il perde des points à l'audimat!

Il fait peur à tout le monde, mais il ne m'impressionne pas, quoique je ne sache pas ce qu'il pense de moi. La difficulté qu'il y a à le connaître véritablement le rend fascinant. Dans le privé, c'est un fin lettré, en affaires, c'est un être redoutable, capable de faire preuve d'un tel cynisme qu'il vaut mieux ne pas être en procès avec lui. Nous avons, d'ailleurs, failli nous brouiller au moment du projet de *Catherine de Médicis*, que je croyais naïvement sur des rails après l'entretien que nous avions eu chez moi. Je n'avais pas compris qu'en réalité, il était venu pour m'administrer une piqûre de narcotique... Au bout d'un an de tractations rien n'avait bougé. J'ai eu beau lui dire combien je tenais à ce rôle et que j'étais aussi l'aval de l'auteur, rien n'y fit. Il avait définitivement fermé le volet. J'ai eu envie d'alerter la presse, et je n'avais qu'à lever le petit doigt pour avoir des articles injurieux sur la manière dont il s'était comporté dans cette affaire. Cependant après avoir réfléchi, j'ai préféré me taire, car j'aurais peut-être satisfait mon orgueil, mais je me serais fait un ennemi. Et puis le mieux, c'est de discuter. On parvient toujours à un terrain d'entente quand on a affaire à des gens intelligents.

LIBERTÉ :

La liberté, Eluard disait en 1942 être né pour la connaître et la nommer. Il écrivait déjà son nom sur ses cahiers d'écolier et il avait raison. Mais il faut bien « calibrer » ce mot, on en a trop usé et abusé de manière abominable. Et puis on oublie qu'il faut s'en montrer digne. Cela demande une formation, une discipline. Quand on a la chance de la posséder encore faut-il savoir l'utiliser : c'est comme une bagnole, il faut savoir la diriger, ça se conduit, il faut se garder des carambolages... Être libre, ce n'est pas cracher à la gueule de tout le monde ou vociférer devant des caméras pour ne réclamer que des droits. Les droits impliquent des devoirs. La liberté, c'est d'abord apprendre à respecter les autres et les lois. En France, on est libre, Dieu merci, ne serait-ce déjà que d'aller et venir, mais cela, on l'oublie souvent aussi.

LIVRES :

Je n'aime que les ouvrages difficiles qui dérangent. La lecture n'est pas une distraction pour moi : c'est une réflexion. Il faut qu'une fois le livre fermé, le contenu me laisse une trace. Ce qui m'intéresse avant tout, c'est la littérature psychologique. Autant avouer ma préférence pour celle du XIXe siècle surtout : les « romanciers du Moi » comme Chateaubriand, Stendhal, l'analyste avant la lettre, ou le plus grand dans la mesure et démesure, Balzac. Je ne suis pas insensible non plus à la voix des femmes de l'époque, je pense surtout à George Sand et à Louise Michel. Mais comment ne pas évoquer encore celui pour qui « le style, c'est tout », Flaubert et son digne héritier Maupassant, ou ces esprits très « fin de siècle » que furent Huysmans, Villiers de l'Isle-Adam et Barbey d'Aurevilly qui gagneraient à être redécouverts avec profit aujourd'hui. Je ne suis pas insensible non plus à la littérature russe, à Gorki en particulier.

J'ai toujours dévoré ces nourritures spirituelles, peut-être parce que je n'ai pas eu d'enfance. C'est une arme à double tranchant, car si très jeune elles m'ont donné l'esprit de synthèse, j'ai en revanche maintenant, une furieuse nostalgie de la candeur, de l'innocence. Je suis boiteuse et c'est irréversible.

Les sujets que je veux imposer à la télévision, je les tire de ces lectures hétéroclites et cela n'a rien à voir avec ces sagas américaines que, par facilité et par goût de la rentabilité, on veut imposer au public. Gare pourtant au phénomène d'acculturation... Ce n'est pas, semble-t-il le souci majeur de la plupart des directeurs de programmation, car lorsqu'on propose une adaptation littéraire française, il faut faire le pied de grue pendant des mois devant leurs bureaux. Pourtant les dramatiques de Claude Santelli ont remporté un succès mérité. Mais on vous dit hésiter pour des raisons financières. Or, c'est faux, ce n'est pas une question d'argent. Les idées ne coûtent pas cher. Encore faut-il en avoir!

LOISIRS :

Je me repais de musique et de rêverie. Dès l'âge de douze ans, je m'évadais déjà de cette manière dans les nuages, je rêvais dans une espèce d'absence des autres.

LUCIDITÉ :

Je suis une passionnée lucide.

LUXE :

Le luxe, ce n'est pas les châteaux ou les perlouses. Je ne m'inscris pas dans ce créneau. Le luxe pour moi, c'est d'abord d'être libre et de pouvoir assouvir des désirs raisonnables.

M

MANQUER (PEUR DE) :

La peur de manquer vient toujours de l'enfance. Elle m'a, hélas, tenaillée. Je me demande même si avec l'âge cette hantise ne s'est pas accentuée. Il est déjà abominable de vieillir, mais sans argent, c'est pire!

MISÈRE (COMBLE DE LA) :

L'ennui!

MITTERRAND :

J'aime beaucoup notre président, mais je ne suis pas socialiste et je n'ai pas mon rond de serviette à l'Élysée depuis qu'il est élu comme s'amuse à le dire Bouvard... Je suis du parti des gens très intelligents. L'homme politique est avant tout celui qui a le courage de modifier ses opinions en fonction des circonstances. S'il dit un jour le contraire de ce qu'il affirmait la veille, cela ne me gêne pas, il n'y a que les imbéciles qui ne changent pas. A notre époque de troubles, François Mitterrand tient la barre. Il a toutes les qualités pour cela.

N

NÉE :

Je suis née avec la télévision en 1959.

NOSTALGIE :

C'est tout ce qu'on aurait voulu avoir, et qu'on a pas eu, ou qu'on n'a plus. C'est tout ce qu'on aurait dû faire, et qu'on n'a pas fait, qu'on ne peut plus faire. C'est vrai pour la vie comme pour une carrière. Ma nostalgie, c'est de ne pas avoir été comprise, ou peu, trop peu. Je me dis, bien sûr, que c'est peut-être de ma faute, puisque je déroute souvent et que j'aime à m'enfermer dans le silence. J'ai toujours refusé d'être une théâtreuse : je ne joue pas la comédie hors de la scène, je ne m'épanche que lorsque je suis en confiance et je n'aime pas parler pour ne rien dire. Je suis plutôt un œil et une oreille. Or la plupart des gens ne supportent pas le silence.

O

ŒIL :

On a tous un œil qui pleure et un œil qui rit. Garder en permanence les deux ouverts est bien sûr un pari, mais c'est la seule garantie anti-asphyxie.

OPÉRA :

La grande légende du chant, c'est d'abord pour moi la Callas. Elle est dans l'Olympe des Dieux. C'est elle qui m'a ouverte à l'opéra. Si j'aime tout ce qu'elle interprète, elle est cependant avant tout pour moi la *Norma*. Et comment ne pas admirer une femme qui a soulevé tant de bruit et de fureur autour d'elle? Elle a été victime, elle aussi, du drame essentiel de l'artiste.

ORIGINALITÉ :

Être original, c'est être ce que l'on est. Cela ne sert à rien de tout faire pour y parvenir. A vingt ans, cela passe encore, mais après, c'est pitoyable.

ORIGINE :

Les gens qui ont réussi éprouvent souvent le besoin de se créer des légendes, comme s'ils voulaient minimiser leurs mérites. Ils vous racontent volontiers qu'ils ont débuté en cirant les chaussures, en nettoyant les routes ou en ramassant des cailloux.. Pourquoi justifier une naissance misérable ? Je préfère dire, en ce qui me concerne que je ne sais pas d'où je viens, mais que je sais très bien où j'irai...

P

PANNE :

Un jour, Jouvet, qui m'aimait bien, me dit :

– Ma petite fille, ne joue jamais de pannes, car toute ta vie on te verras dans des pannes !

Il avait raison, il faut tout de suite commencer par la grande porte, prendre de grands rôles dans des pièces importantes. Évidemment, tout le monde commence, peu ou prou, de cette manière. C'est une des difficultés de notre métier, mais gare, les pannes ou les panouilles, ça laisse des traces.

PARADOXE :

Je sais, je suis le paradoxe vivant, je suis le paradoxe fait femme, je suis comme je suis. Est-ce ma faute à moi?

PARESSEUSE :

Je suis une paresseuse qui travaille.

PASSÉ RETROUVÉ (LE) :

Ce film a été une torture plus qu'une thérapie. J'ai trop souffert pendant le tournage et d'une fatigue extrême et de la détresse de ne rien reconnaître, de ne rien retrouver de cet Istambul de mon enfance. Comment aurais-je pu après soixante ans? Et n'ai-je pas toujours dit que je me refusais à évoquer cette période douloureuse de ma vie? D'avance les dés étaient pipés et la réalisatrice, Mireille Dumas, n'a pas compris que ce pèlerinage me renvoyait surtout à ma solitude essentielle.

J'ai visionné la bande de montage. C'est curieux de constater une fois de plus l'omnipotence du metteur en scène. On n'a jamais droit au chapitre. C'est ma vie, mais c'est son film, pas le mien. Même la fin m'est volée, je lui avais pourtant demandé à plusieurs reprises de dire *L'Albatros* devant le Bosphore, car dans ce no man's land baudelairien je me reconnaissais au moins. C'est un film de nécrophages et j'ai l'impression lamentable qu'on attend que je crève pour le sortir des tiroirs.

PEINE DE MORT :

Je suis contre la peine de mort, mais je fais une exception pour les assassins d'enfants. C'est le crime le plus effroyable qu'on puisse commettre. Il ne faut pas toucher à l'innocence. Jamais. Celui qui transgresse cela doit payer à la mesure de sa cruauté.

PEUR :

J'ai peur de la mort. Uniquement de la mort.

PHÉNOMÈNE SAPRITCH :

Sapritch un mythe? J'ai horreur de cette expression. Je n'aime pas ce qui est toc et faux. Soyons sérieux, l'image de quelqu'un est toujours « biseautée ». Je ne prends pas de poses, je suis comme je suis en réalité surtout très timide. Il est donc inutile d'en rajouter!

PHILOSOPHIE :

Être philosophe, c'est essayer de ne voir que les choses essentielles, c'est refuser de gaspiller son énergie dans des accès de colère et de haine inutiles. Plus le temps passe, plus je sens qu'il faut préserver ses forces.

PIANISTE (NE TIREZ PAS SUR LE) :

Dans ce film, Truffaut m'a « donné ma chance » en me faisant dire un mot, un seul mot, celui d'une concierge. Une prouesse, dont je lui en suis infiniment reconnaissante, car c'est bien le seul rôle que je suis parvenue à décrocher auprès des metteurs en scène de la Nouvelle Vague...

PITIÉ :

La pitié est à la fois un sentiment noble et affreux. Quand j'entends ce mot, il me vient tout de suite à l'esprit la plus belle phrase de *Pelléas et Mélisande* : « Si j'étais Dieu, j'aurais pitié du cœur des hommes. »

POÉSIE :

La poésie n'est pas forcément celle de Prévert, de Baudelaire ou de Verlaine, ni celle qui se dégage d'une symphonie de Weber ou de Wagner. La poésie est encore dans l'espace ou dans l'air. Je la ressens profondément, par exemple, chaque fois que je traverse l'esplanade des Invalides, le jour comme la nuit, mais surtout au crépuscule, et que je peux à nouveau m'extasier devant sa sublime Coupole... J'aime aussi à me fabriquer de la poésie avec les éléments de la nature, maintenant que je lis moins et que je me consacre davantage à la réflexion et à la musique. Cela me donne une légèreté insoupçonnée et une allégresse que naguère je ne ressentais peut-être pas aussi intensément.

POLITESSE :

La plus grande des politesses : ne pas imposer aux autres ce qui me déplaît à moi-même.

POLITIQUE :

Je n'aime pas les étiquettes. On m'a sollicitée de tous les côtés, maintenant, c'est terminé, en dehors de mes copains, de mon travail, le rideau de fer est tiré. La politique est un jeu trop dangereux et puis il y a des cons dans tous les camps et des gens intelligents dans tous les partis. La comédie du pouvoir est la même à gauche et à droite. Je suis naturellement plus du côté de Mitterrand que de Le Pen. Mais cela s'arrête là. Je préfère l'homme de l'ombre, celui qui détient le vrai pouvoir et qu'on ne voit jamais sur le devant de la scène, plus précisément celui dont on connaît l'image publique, mais dont on ignore l'image privée. Ceux qui montent au créneau et s'entourent du matin jusqu'au soir de cireurs de bottines, me sont insupportables. Quand ils passent à la télévision, je coupe le son et ne regarde que leurs mimiques.

Ce qui se passe actuellement en Europe est horrible et inquiétant. Mais le recul du communisme dans les pays de l'Est me paraît une bonne chose parce que c'est un régime haïssable, que j'ai toujours détesté et auquel je n'ai jamais cru. Abolir un tsar pour mettre un dictateur est quelque chose d'incompréhensible.

POSSESSION :

A la peur de la possession, j'ajoute la peur du manque. Ne rien posséder et tout avoir. Ce n'est pas contradictoire, cela se complète et remonte à mon enfance. D'origine arménienne, j'appartiens à une très vieille race, j'ai mille pogromes dans le sang. Dès que je possède quelque chose, j'attends le brigand au coin de la rue. Je me demande même si avec l'âge, cette hantise ne s'est pas accentuée. Il est déjà abominable de vieillir, mais sans argent, c'est pire!

PRIX :

Tout dans la vie a un prix, encore faut-il savoir l'évaluer. Les adversaires eux-mêmes ont le leur. Il ne faut ni les mésestimer, ni les surestimer. Or, on imagine un peu trop spontanément que celui qui est en face de soi est un idiot qu'on peut rouler. C'est là une profonde erreur.

PROJETS :

Chut! Par superstition, je n'en parle jamais tant que rien n'est signé.

PSYCHANALYSE :

Je n'ai pas besoin de psychanalyste, je sais tout de moi et je me méfie beaucoup des mots. Seuls les faits parviennent à me convaincre. Je n'ai pas eu d'enfance.

Cela veut tout dire. Or c'est elle qui détermine tout, les qualités comme les défauts. Quand je dis que je n'ai pas eu d'enfance, cela ne veut pas dire que je n'ai pas eu de bonheur. J'étais très solitaire, un peu garçon manqué. J'étais surtout ce qu'on peut appeler une petite fille triste, mûre, responsable et précoce en tout. J'avais des parents très dissemblables qui s'adoraient mais se déchiraient. A l'âge où l'on joue à la poupée je recevais leurs confidences, j'assistais à leurs disputes, je comprenais vite, surtout ce que j'aurais dû ignorer quelques années encore. Mon goût pour l'investigation psychologique me vient probablement de là. Il me fallait voir les choses de l'intérieur, les comprendre. J'avais d'ailleurs une manie, qu'on pourrait à première vue considérer comme sadique, qui consistait à dépecer les poupées que mon père m'offrait. Elles étaient pourtant superbes, il les faisait venir du Nain-Bleu à Paris, mais je restais indifférente à leurs boucles blondes, à leurs yeux bleus, à leur bouche pulpeuse. C'était plus fort que moi, une véritable obsession, je prenais une paire de ciseaux et je les éventrais. Il me fallait traverser les apparences, voir, scruter l'intérieur. J'attendais toujours une révélation. Comme je ne trouvais rien, je les jetais de dépit.

Mon père, complètement athée, que je considérais comme un Dieu, était un grand grand aventurier, un joueur devant l'éternel ! Et il jouait gros. Il disait qu'il ne se repentirait jamais et que le jour de sa mort il voulait un jeu de cartes sur son cercueil. Sa passion nous a ruinés. Dans ma mémoire, il y a plusieurs raisons, mais c'était chaque fois à un niveau un peu plus bas, un peu plus bas. Ma mère, très bonne et très soumise était très pieuse. C'est elle qui a fini par assumer les charges de la famille en s'engageant comme gouvernante dans une famille très riche. Elle m'a dit un jour : « Ton père, qui t'adore, un jour te vendra ! » C'était l'horreur, car il représentait tout pour moi. Je l'aimais jusqu'à la détestation.

A l'âge de huit ans elle me demandait de traverser Istambul en tramway pour aller le chercher à son travail pour l'empêcher d'aller jouer au cercle. Je servais d'estafette pour l'amadouer. Quand je revenais bredouille, ce qui arrivait souvent, c'était naturellement le drame. Cette écrasante responsabilité retombait sur mes épaules tous les jours, pourtant j'avais deux sœurs et je n'étais que la cadette. On me différenciait sans que je comprenne pourquoi. Comment peut-on élever une enfant en lui disant qu'elle est exceptionnelle sans la culpabiliser? Mon père m'a séparée d'elles et surtout d'une certaine innocence. On m'a condamnée irrémédiablement à me montrer à la hauteur, mais j'ai toujours eu énormément de mal à l'assumer. Cela m'a tout de même donné un sens irremplaçable des responsabilités. Le revers c'est que mes sœurs ont d'une certaine manière été castrées. Cela aussi m'a fait souffrir. C'est à cette époque que j'ai éprouvé le besoin d'échapper à l'emprise familiale, pour tenter de me sauver. Fuir pour rejoindre Paris, ce paradis dont mon père, qui avait été autrefois professeur de français, m'avait tant parlé. Arrivée à la Gare du Nord, il m'a fallu affronter une autre réalité. J'étais libertaire, une sorte de hippie avant la lettre. Je me croyais libre, enfin, mais la liberté a ses contraintes et je découvrais qu'il me fallait désormais la mériter.

PUDEUR :

Le sentiment que j'ai de la dignité fait que je suis également pudique. La pudeur devrait nous empêcher d'humilier les autres surtout.

PUTAIN :

Pour moi la putain est dans les salons, pas sur le trottoir. C'est une opinion qui n'engage que moi, bien sûr, mais qui demande réflexion.

« PYGMALIONNE » :

Les hommes m'intéressent jusqu'à vingt-cinq ans. Ensuite, c'est trop tard. Ils sont formés. Leur vie est faite. Je n'ai plus rien à leur apprendre. C'est une boutade qu'on m'a souvent attribuée, mais je n'aime pas trop qu'on détache les choses de leur contexte. Ce qui m'importe, en réalité, ce sont les gens capables de m'étonner.

Q

QUALITÉS :

La qualité la plus importante à mes yeux, c'est l'intelligence. Quand de surcroît elle s'accompagne du sens de l'humour, je suis transportée. La tolérance m'apparaît aussi essentielle, comme le véritable savoir-vivre qu'il ne faut pas confondre avec la politesse des formes.

QUESTION :

Celle que le public ne me pose jamais : « Alice, de quoi avez-vous besoin? »

R

RAISONNABLE :

Je suis une raisonnable déraisonnable. J'ai en moi toutes les contradictions et tous les défauts de la contradiction. Je suis à la fois indifférente et coléreuse, impliquée par les événements et détachée. Comme tous les êtres, il faut me suivre pas à pas et me surprendre dans mes moments.

RASTIGNAC :

Tous les artistes ont un côté Rastignac. Chacun de nous veut être unique et célèbre !

RECONNAISSANCE :

Je respecte beaucoup ce sentiment. Quand quelqu'un vous couvre de gentillesses, surtout lorsque c'est de façon désintéressée, il faut être reconnaissant. Je ne suis absolument pas d'accord avec Monsieur Perrichon qui déteste son sauveur. C'est lui qui est abject. Il n'y a que les gens vulgaires qui font preuve d'ingratitude.

REFUGE (DE L'ENFANCE) :

Enfant, j'avais l'habitude de me réfugier sur la branche d'un arbre du jardin de la maison de mes parents. J'y restais des heures à scruter l'horizon. Je m'échappais même la nuit pour y perpétuer cette attente diffuse d'une vie autre dans ce Paris, qui est devenu le mien, et dont mon père me parlait sans cesse comme d'un paradis.

REGISTRE (MON) :

Mon registre c'est 60 % de drame et 40 % de baroque. Le baroque, c'est mon comique à moi et cela n'a rien à voir avec le comique de boulevard. Demain je pourrais être aussi bien une femme gangster, qu'une femme corsaire. Je suis seule juge de mes prestations. Les conseils, je n'en ai rien à faire. Je ne veux pas être emprisonnée, étiquettée. Je suis inclassable.

RÈGLE ABSOLUE :

Ne plus jamais me laisser enquiquiner.

REGRETS :

J'ai toujours refusé les regrets. Je préfère aller de l'avant et, croyez-moi, cela n'a rien à voir avec une fuite en avant.

RÉUSSITE :

Comme disait autrefois une de mes amies : « Qu'est-ce que la réussite sinon cinquante et une faillites évitées ? » La réussite véritable, la seule qui compte, ce n'est pas dans la vie professionnelle qu'on la connaît, mais dans la vie privée. C'est avoir une main constamment tendue.

RÊVE D'IDENTITÉ :

Je me suis tout récemment trouvée à un dîner organisé par Jean-Claude Brialy à une table très agréable composée de son ami Bruno, d'un couturier italien et de son partenaire, de mon neveu Vincent et d'une comédienne, bavarde impénitente, dont je tairai le nom. Quand on monopolise la conversation, et pour ne rien dire, je m'évade souvent sur un petit nuage pour rêver, me contentant de happer çà et là des bouts de phrases. L'entracte s'est produit quand notre bavarde s'en est allée. Les autres langues ont alors pu commencer à se délier. Mais la conversation a pris un tour tout à fait inattendu à l'arrivée impromptue d'un garçon peu connu, François-Marie Banier. Je dois avouer que les gens que je ne connais pas m'attirent souvent. En peu de mots, ce garçon m'a tout de suite fascinée : il avait tout compris de la difficulté d'être des artistes. Il évoquait ainsi le cas de la Callas. L'enthousiasme est souvent de mise à son propos et chacun en rajoutait, sauf lui, justement. Or ce n'est pas toujours facile de démolir les mythes. Et pourtant c'est ce qu'il a fait. « Non, vraiment, disait-il, il ne faut pas se laisser duper, la Callas, à la ville, n'était pas celle de la scène. Quand on la voyait ainsi, la magie disparaissait : elle n'avait plus rien de cette élégance et de ce goût qui vous transportait quand elle chantait. » Il l'avait ainsi vue s'esclaffer de la manière la plus vulgaire devant des gags de Louis de Funès dans une salle de cinéma. Avec un naturel inouï, ce garçon ajouta cette phrase qui produisit un véritable déclic en moi : « Pourtant on voudrait tellement que le rêve que certains êtres parviennent à créer continue, mais ce rêve, hélas, souvent se brise ! »

Il me renvoyait soudain, sans le savoir, à quelque chose qui m'obsède souvent : on juge toujours un artiste sur scène ou à l'écran. Uniquement là. Mais qui est-il vraiment dans la réalité ? Les gens ne se posent jamais cette question et font souvent un amalgame regrettable entre l'image publique et l'image privée. Cela me paraît très grave, parce que notre difficulté essentielle d'existence, à nous les artistes, réside bien là. Peu d'entre nous savent être autres dans la vie quotidienne. On a l'impression de continuer à jouer inconsciemment un rôle. On flotte entre l'imaginaire et le réel sans parvenir à bien se situer. Notre être idéal est pourtant ce prolongement du rêve dans la vie, mais peu d'artistes y parviennent. Sacha Guitry a su le faire. A son âge, Pospesco, elle aussi, continue de le prolonger.

S

SAISONS :

Je les aime toutes. Je ne supporterais guère les latitudes où « par manque de brise le temps s'immobilise » comme le chante si bien Jacques Brel. Un pays sans hiver, ni été, quel ennui.

SÉMAME OUVRE-TOI :

Mes « Sésame ouvre-toi » dans ma participation au désespoir des autres : « Combien pour te dépanner ? » et « Va voir X de ma part, prends ce numéro de téléphone. »

SEX-SYMBOL :

Sex-symbol, pourquoi pas, mais quelle épreuve quand il faut répondre pour la millième fois à un correspondant anonyme et fou qui vous profère journellement les pires obscénités au téléphone!

SHAKESPEARE WILLIAM :

J'ai joué naguère la reine dans *Hamlet* au théâtre Hébertot. Shakespeare est un génie, c'est vrai, mais c'est surtout un auteur pour les hommes. Pas de pitance là-dedans pour moi. Et puis soyons modeste, ne rêvons pas, nous les comédiens français, jamais nous ne pourrons rendre la musique de Shakespeare comme un Laurence Olivier.

SLOGAN :

Celui qui m'aime, je l'aime bien. Celui qui ne m'aime pas, je ne l'aime pas.

SOUFFRANCE :

Elle se suffit à elle-même. Il est inutile d'en parler.

SUICIDE :

Quand je pense qu'il y a des gens qui ne font rien ou qui se tuent, je me dis qu'il devrait exister des boutiques où l'on pourrait racheter ces vies-là. Les suicidaires vendraient leur vie, les rempileurs passionnés pourraient choisir à leur convenance dix, vingt ou trente ans de plus. Je suis sûre qu'Elvire Popesco se porterait volontiers acquéreur d'une cinquantaine d'années. Je sens la vie qui file, ce qui ne veut pas dire que je souhaiterais être plus jeune, simplement je voudrais avoir plus de temps devant moi.

SUPPORTER :

Je supporte beaucoup de choses, trop, parfois. Mais me supporter moi, quelle question!

T

TACT :

Le tact, c'est de ne pas marcher sur les pieds de son voisin.

TALENT :

Le talent, c'est ma religion. On ne l'acquiert pas, c'est inné.

TÉLÉPHONE :

Comme je n'aime plus tellement me déplacer, le téléphone est pour moi une façon pratique de rendre visite. On ne dérange pas, on ne s'éternise pas. On peut dire souvent l'essentiel en cinq ou dix minutes. J'aime bien ce genre de contact parce que je suis très sensible aux voix. Chacun sait d'ailleurs que mon numéro est dans l'annuaire. On m'appelle souvent gentiment, mais ce sont aussi parfois des appels au secours angoissants, car je ne vois pas ce qu'on peut, en pareil cas, espérer de moi? Je n'échappe pas non plus aux cinglés qui vous débitent des insanités, ceux-là, je les dirige directement sur Sainte-Anne. Le téléphone a encore ceci de précieux qu'il m'est une fenêtre ouverte sur le public. Rien de tel pour mesurer si ce que je fais leur plaît. Et puis je peux évaluer les gens qui s'intéressent à moi et les raisons de leur intérêt. Un comédien doit rester lucide. On joue d'abord pour le public, pas pour les critiques.

TÉLÉVISION :

J'ai eu assez de discernement pour miser sur la télévision depuis trente ans. Enfin la télévision comme je l'entends : une télévision créative, récréative et culturelle. Or, actuellement, par facilité et par manque d'imagination, les chaînes semblent privilégier les sitcoms. Je ne suis pas opposée à ce genre, j'en ai tourné, moi aussi. Mais la vocation culturelle m'apparaît primordiale. Il faut réaliser parallèlement des films de prestige. Je comprends très bien qu'on ne puisse pas en programmer tous les soirs, mais il y a tout de même un minimum requis!

Les directeurs de chaîne sont toujours satisfaits. Ils s'imaginent que la télévision s'est améliorée. Comment peut-on refuser de voir qu'elle a, en réalité, renoncé à toute audace, qu'elle nous sert de la bouillie, préférant s'abriter derrière la diffusion sans risque de poncifs éprouvés ? Si j'ai été favorable à la privatisation à 100 %, c'est parce qu'on ne pouvait pas faire pire. On attend tous le messie, mais gare dans deux ans à la concurrence européenne ! Tant que nos hommes politiques, qui n'aiment pas le petit écran, sauf quand ils en sont les stars, continueront à ignorer et à mépriser ce formidable outil qu'elle représente, rien ne pourra évoluer. Notre ministre de la Culture lui-même, qui est avant tout un homme de théâtre, n'en est pas convaincu. Or, la télévision est l'instrument de l'avenir. En refusant une politique de création, en ne s'intéressant qu'à la compétition, qu'on arbitre à coups de sondage, on en fait un instrument de parlotte et de démagogie, vide de sens critique. La télévision n'est plus qu'une succession d'images qui bougent, un mauvais roman-photo. La bonne cuisine ne s'élabore qu'avec de bons produits.

La querelle des chaînes n'arrange rien : certains soirs, il y a cinq films au programme. C'est trop. Il faut diversifier et renouveler. Je suis fatiguée de voir toujours finalement les mêmes télé-films et les mêmes séries parce qu'on ne veut pas donner leur chance à ceux qui n'appartiennent pas au sérail. Pourtant, seuls de jeunes metteurs en scène apporteraient la bouffée d'oxygène qu'on attend. Or, on continue d'accorder six à huit heures de programme à une seule équipe, à un seul réalisateur. Et puis qu'on prenne conscience que certaines émissions s'essoufflent, qu'elles ont fait leur temps. Seul, Bernard Pivot a compris la nécessité de mettre un terme à *Apostrophes*. D'une façon générale, un magazine dont l'animateur est la vedette, est par essence une mauvaise émission. J'ai honte, certains soirs, quand on rediffuse, à une heure de grande audience, des films complètement idiots, des séries mal doublées avec des femmes choucroutées, ou ces jeux qui donnent à toutes les chaînes un air de tripot.

On me rétorquera, à juste titre, qu'une chaîne, qui n'est pas massivement suivie, ne trouve pas grâce aux yeux des publicistes et qu'en conséquence on se coupe leur manne. Je comprends très bien que les chaînes privées fonctionnent comme des entreprises à la rentabilité, mais je maintiens que cet argument est fallacieux : on peut très bien produire des émissions intéressantes qui emporteraient l'adhésion du public et attireraient telle marque de lessive qui exige une grande audience. Il y a de surcroît un autre problème, celui du « dispatching » au niveau de la programmation. Un parti pris élitiste fait que les films ou les émissions d'une certaine qualité sont programmés après 22 heures ou 23 heures, une heure où les gens qui travaillent sont couchés. Et je ne parle pas de TF1 qui bloque déjà trois soirées par semaine avec ses très populaires *Avis de recherche*, *Sacrée soirée* et *Sébastien, c'est fou*. Je fais cependant confiance à Catherine Tasca pour donner une nouvelle impulsion à ce niveau.

La télévision est une machine lourde à mettre en branle. Pour l'améliorer, il faudrait déjà commencer par garder un peu plus longtemps ses directeurs. On finit par ne plus savoir à qui on a affaire. Et puis quand vous proposez quelque chose, et je suis bien placée pour le savoir, vous devez faire le pied de grue pendant des mois durant lesquels on vous mène en bateau avec des « peut-être que oui », « peut-être que non », valse-hésitation qu'on justifie par de prétendues difficultés financières. Or, c'est faux. Qu'on ne se leurre pas, les grosses émissions qu'on appelle des « séries » coûtent des millions. On ne manque pas d'argent. On manque d'idées. Il ne faut pas avoir peur de le dire. Moi et bien d'autres, des sujets nous en avons des dizaines à proposer. Cela va des films historiques comme *Catherine de Médicis* jusqu'à cette mine inépuisable que constitue la littérature romanesque du XIXe siècle. Mais là encore, il me paraît essentiel de rester dans l'ordre du télévisuel et de ne pas tenter de s'annexer le domaine propre au cinéma. Les mises en scène prévues pour le grand écran ne sont pas les mêmes : un film comme *Le Guépard* de Visconti, par exemple, perd 60 % de sa qualité sur le petit écran.

La télévision, c'est ma maison, je parle d'elle comme une vieille sociétaire parle du « Français » ! Mais cela ne m'empêche pas de porter sur elle un regard aussi sévère que sur moi-même, et de dire à nos dirigeants ce qui ne va pas. Ou l'État a envie de se payer une télévision, et il s'en donne les moyens, ou il ne l'a pas.

TOURNAGE :

Ma passion, c'est de tourner et ma vie c'est le plateau : c'est un monde à part, un mystère, le rêve absolu... Un plateau de télévision conjugue les difficultés du théâtre et celles du cinéma. Il apporte au comédien tous les plaisirs du métier même s'il conjugue les difficultés du théâtre et celles du cinéma. Quand on dit : « Moteur! », croyez-moi, il faut être bon à la première prise, tout doit se réaliser dans l'instant parce qu'on est loin de disposer du même temps qu'au cinéma. C'est aussi cette difficulté qui me plaît. Certains diront, mais vous n'avez pas ce « contact charnel » avec la salle pour vous galvaniser. Quelle erreur! Je n'ai pas besoin de mille personnes pour éprouver cette jouissance, je l'ai sur le plateau avec la caméra et la vingtaine de techniciens qui m'entourent, d'autant que ce public-là est un des plus difficiles qui soit : c'est un rare bonheur quand on obtient son silence. Et puis, la télévision, c'est à la programmation, quinze millions de spectateurs d'un coup!

Quand je tourne, je m'impose une discipline terrible : je refuse toute distraction, je me refuse à toute vie personnelle, j'appartiens à la production et au personnage le temps qu'il faut. J'arrive une demi-heure à l'avance pour m'imprégner de l'atmosphère. Quand une séquence ne me concerne pas, je reste et me mets dans un coin pour m'imprégner du va-et-vient autour de moi.

TRÉNET CHARLES :

« Paroles, paroles... » Ce n'est pas lui qui chantait ce refrain, mais il pourrait en être l'auteur, car il m'a un peu lassée avec ses promesses répétées. Il m'a alléchée une première fois avec un texte qu'il aurait écrit à mon intention. Cependant, je n'ai rien vu venir. Il m'a relancée une deuxième fois au moment du tournage de *Catherine de Médicis*, qui lui aurait inspiré une autre chanson. J'attends toujours. Trenet est un être impossible à saisir. Comme il y a des domaines où je ne m'acharne pas, pas question de courir après lui !

TRENTE QUESTIONS DIFFICILES [1] :

1. *Qu'est-ce que la beauté ?*

– La beauté des lignes et des formes. Ce qui caresse l'œil de façon agréable. La beauté de l'esprit aussi.

2. *Quel est le plus beau des arts ?*

– La musique.

3. *Quel est le chef-d'œuvre de l'art ?*

– Un portrait de Velasquez.

4. *Quel est le chef-d'œuvre de l'esprit ?*

– La *Norma* chantée par La Callas.

1. Jeu « Fin-de-siècle auquel se livraient des écrivains comme Pierre Louÿs.

5. *Quel poète lisez-vous le plus?*
– Baudelaire.

6. *Quel prosateur aimez-vous le mieux?*
– Balzac.

7. *Faites un musée de trois tableaux.*
– *La Fusillade* de Goya. *Guernica* de Picasso. *L'homme à l'oreille coupée* de Van Gogh.

8. *Un musée de trois statues.*
– Les trois Maillol dans le Jardin des Tuileries. Ce sont des modèles d'équilibre dans le déséquilibre. J'aime ce côté non conventionnel du statuaire. Chaque fois que je les revois, je suis en extase.

9. *Un répertoire de trois opéras.*
– La *Norma* de Bellini, l'ouverture de *Siegfried* de Wagner, *Madame Butterfly* de Puccini.

10. *Un programme de trois symphonies.*
– La Cinquième de Gustav Malher. La Septième de Beethoven. Une symphonie de Mozart.

11. *Une bibliothèque de trois ouvrages.*
– Balzac. *Les Misérables.* Barbey d'Aurevilly.

12. *Quelle légende préférez-vous?*
– Celle de la *Bible* parce qu'elle peut avoir des prolongements dans la vie.

13. *Quelle vie humaine admirez-vous?*
– Celle de Bach.

14. *Quel est le chef-d'œuvre de la nature.*
– Le crépuscule.

15. *Quelle est la plus belle couleur?*
– Le camaïeu.

16. *Quelle odeur préférez-vous?*
– Les odeurs.

17. *Citez une fleur.*
– Le jasmin.

18. *Citez une pierre précieuse.*
– Le diamant.

19. *Citez un animal.*
– Le chat.

20. *Quel type d'homme admirez-vous?*
– Cela dépend des moments, mais d'une façon générale, celui qui a une voix mélodieuse.

21. *Quel type de femme aimez-vous?*
– Une brune aux yeux clairs et au visage construit.

22. *Quels prénoms choisiriez-vous?*
– Adélaïde. Adeline. Hélène.

23. *Quel est le plus beau nom du monde?*
– Hector.

24. *Quel est le mouvement le plus gracieux?*
– Celui du *Discobole.*

25. *Quelle est la mode la plus jolie?*
– Celle des jupes qui laissent entrevoir seulement...

26. *Définissez l'amour.*
– Deux peaux qui se complètent dans la saveur et dans l'extase.

27. *Êtes-vous heureuse?*
– Curieuse question!

28. *Où est le bonheur?*
– Il peut être devant la porte.

29. *Quelle est votre influence planétaire?*
– Le Lion.

30. *Comment vous représentez-vous le paradis?*
– Avec des gens que j'aime parce qu'ils sont intelligents et qu'ils ont le sens de la dérision.

U

UN AMOUR MENACÉ :

C'est le titre d'un roman que j'ai publié il y a une vingtaine d'années, à la manière de ces conteuses orientales dont ma grand-mère m'avait transmis les secrets. J'ai écrit ce livre comme un scénario de cinéma, en me mettant à la place de la caméra. J'y raconte les amours d'une aristocrate protestante de quarante-cinq ans avec un roturier catholique de vingt-cinq ans. Mon héroïne se croit laide et se sent vieillir. Elle a surtout peur de l'amour, mais découvre avec effroi qu'il est impossible de se défendre de la passion. Ce texte n'est pas autobiographique, mais il met en scène un type de femme que j'aurais parfaitement pu interpréter. Malheureusement l'adaptation à l'écran n'a pas été possible.

PIRE DES UTOPIES (LA) :

Se prendre pour ce qu'on est pas.

V

VACANCES :

Je le dis tout net, je suis contre les vacances de longue durée. Et puis, pour moi, cela ne signifie pas m'étaler sur le sable, j'ai horreur de ça. C'est une invention des nordiques. Le soleil à haute dose, c'est très mauvais. Je comprends cependant parfaitement que les bureaucrates aient envie de se dorer la pilule.

VANITÉ :

La vanité est un défaut détestable. Comment y trouver un intérêt? C'est un faux confort. Elle crève les yeux comme une espèce de verrue au milieu du visage.

VÉRITÉ :

Je suis arrivée à un âge où on peut dire la vérité. On ne me jettera pas pour autant en prison. Et puis il est trop tard pour me corriger et je n'ai rien à cacher à mon public qui m'aime dans mes contradictions. Mais laissez-moi, je vous prie cette part d'ombre qui fait rêver : c'est le principe des bons strip-tease.

VERLAINE :

Qu'on ne vienne pas me dire que tous les alcooliques sont des génies. Verlaine, par exemple, n'avait pas de génie parce qu'il était alcoolique, il avait du génie, et il était un alcoolique de génie.

VIE PRIVÉE :

Ma vie privée est triste, ce qui n'empêche pas les gens de dire que j'ai de la chance. Quand je serai dans mon cercueil, on répétera encore : « Comme elle est vernie, elle aurait pu être dans la fosse commune ! » Il faut toujours payer. On ne peut pas réussir sur tous les tableaux.

VRAIS PROBLÈMES :

La faim et la santé.

W

WEEK-END :

J'ignore ce qu'est un week-end. Je fais un métier où cela n'existe pas.

X

XÉNOPHOBIE :

Je suis mal placée pour parler de la xénophobie, car à part Béatrix Dussane, qui était très « Action Française » et aux yeux de qui je demeurais envers et contre tout la « sale étrangère », je n'en ai jamais subi les effets. La France a toujours été une terre d'accueil et je l'ai ressentie comme telle. Il suffit pour s'en convaincre de voir les races bigarrées qui peuplent notre capitale. Ceci dit, je pense que c'est le nombre d'immigrés par rapport aux autres pays européens qui inquiète actuellement les Français et les entrées clandestines mal contrôlées. Là aussi l'excès est nuisible.

Y

YEUX :

C'est aux yeux qu'on reconnaît si un comédien est « habité » ou pas. Oui, le regard fait le comédien. Avec lui, on ne peut pas tricher. Il faudrait apprendre à lire les regards au cinéma comme à la télévision. Tout est là. C'est cela que nous devons d'abord maîtriser, nous les acteurs. C'est avec cela que joue le réalisateur. Sans le savoir, les spectateurs se projettent dans nos yeux et croient ou ne croient pas à l'authenticité du personnage. C'est sur cette essentielle ambiguïté que j'ai joué dans mes rôles, au point de créer la confusion comme avec Marie Besnard par exemple. Les habitants de Loudun et la plupart des téléspectateurs ont fini, m'a-t-on dit, par se demander, en comparant les images du petit écran aux photographies du personnage réel publiées dans la presse, qui était qui.

Z

ZAPPER :

C'est la nouvelle mode, mais c'est la pire des choses qui pouvait nous arriver. Pour montrer la stupidité d'une telle pratique on pourrait imaginer notre réaction devant la supercherie d'un producteur qui s'amuserait à faire les poubelles des chaînes en prenant des chutes d'émissions hétéroclites pour faire un film patchwork à la « va comme je te pousse ». Il y aurait de quoi se tordre de rire ! En « zappant », nous ne sommes pourtant pas loin de cela. L'an 2000 sera télévisuel. Le petit écran dominera l'école, la technique, la politique, en un mot, tout. Il est peut-être temps de prendre conscience qu'il est également nécessaire de mettre sur pied un apprentissage de ce nouveau mode de lecture. C'est seulement à cette condition que la télévision deviendra l'ouverture fabuleuse qu'elle devrait être.

ZODIAQUE (SIGNE DU) :

Je suis née à l'apogée de l'été et suis du signe du Lion.

ZONES D'OMBRE :

Oui, j'ai tout dit, presque tout dit. Puis-je revendiquer, cependant, pour finir, ces zones d'ombre qui me feront croire encore que je ne me suis peut-être livrée qu'à demi ?

Cet ouvrage a été réalisé sur
Système Cameron
par la SOCIÉTÉ NOUVELLE FIRMIN-DIDOT
Mesnil-sur-l'Estrée
pour le compte des Éditions Ramsay
le 9 mai 1990

Imprimé en France
Dépôt légal : mai 1990
N° d'édition : 2272 – N° d'impression : 14745